本书为
国家社会科学基金重大招标项目
“秦统一及其历史意义再研究”(14ZDB028)
国家社会科学基金重大招标项目
“秦汉三辅地区建筑研究与复原”(18ZDA181)
的阶段性成果

考古学专刊　乙种第四十八号
西安市文物保护考古研究丛书

栎阳陶文

中国社会科学院考古研究所
西安市文物保护考古研究院　编

科学出版社
北京

内 容 简 介

栎阳陶文，是迄今为发现的秦人历史上最早出现的陶文资料，该书也是迄今为止第一部单一遗址出土陶文的专题图书，系统公布已发掘出的栎阳城遗址出土的全部秦代陶文，以图录形式发表陶文所在器物的高清照片和完整的陶文拓片，并介绍陶文的出土情况、相关背景。对秦汉考古、古代印章制度、秦汉生产管理制度研究具有重要价值。其特别对深入开展秦汉制度传承变化的研究具有重要价值。同时，将对古文字学的研究，也具有一定意义。

本书可供考古学、文献学、秦汉史、书法篆刻及相关领域研究者及高校相关专业的师生阅读参考。

图书在版编目（CIP）数据

栎阳陶文 / 中国社会科学院考古研究所，西安市文物保护考古研究院编. —北京：科学出版社，2020.10

ISBN 978-7-03-066490-7

Ⅰ.①栎…　Ⅱ.①中…　②西…　Ⅲ.①陶文－西安－秦代－图录　Ⅳ.①K877.92

中国版本图书馆CIP数据核字(2020)第204081号

责任编辑：王琳玮 / 责任校对：邹慧卿
责任印制：肖　兴 / 书籍设计：北京美光设计制版有限公司

科学出版社 出版
北京东黄城根北街16号
邮政编码：100717
http：//www.sciencep.com

北京汇瑞嘉合文化发展有限公司 印刷

科学出版社发行　各地新华书店经销

*

2020年10月第　一　版　开本：889×1194　1/16
2020年10月第一次印刷　印张：14 1/4
字数：400 000

定价：238.00 元

（如有印装质量问题，我社负责调换）

《栎阳陶文》编委会

前　言

一、陶　文

西汉司马迁在《史记》中关于早期陶器的生产见《五帝本纪》，谓“舜耕李珊，渔雷泽，陶河滨，作什器与寿丘，就时于负夏”。唐张守节《史记正义》释“陶”，“作瓦器也”[1]。显示出在相当长时间里，“陶”与“瓦”之间密切的关系。随着考古学的不断发展，中国大地上出现早期陶器的时间，已前推到距今1万年左右[2]，当然早非司马迁所载舜“陶河滨”。

东汉许慎《说文解字》谓“文，错画也，象交文。凡文之属皆从文”[3]，虽关于文字最早出现时间和早期哪种图像算是文字的讨论还一直持续，但按许慎意见，今天早期陶器上“交错”的各种“纹饰”中，应有一些可归入“文字”范畴。他还在《说文解字·序》中追叙了到当时为止对于文字创造的历史记忆：

> 古者包羲氏之王天下也，仰则观象于天，俯则观法于地，视鸟兽之文与地之宜，近取诸身，远取诸物，于是始作《易》八卦，以垂宪象。及神农氏结绳为治，而统其事，庶业其繁，饰伪萌生。黄帝之史官仓颉，见鸟兽蹄迒之迹，知分理之可相别异也，初造书契。“百工以乂，万品以察，盖取诸夬”，“夬，扬于王庭”。言文者，宣教明化于王者朝廷,君子所以施禄及下，居德则忌也。仓颉之初作书，盖依类象形，故谓之文。其后形声相益，即谓之字。字者，言孳乳而浸多也。著于竹帛谓之书。书者，如也。以迄五帝三王之世，改易殊体。封于泰山者七十有二代，靡有同焉[4]。

在相当长时间里，黄帝史官仓颉造字是一个流传不绝的优美传说。

文字产生后，虽当时一定有着较为丰富的文字载体，但能保存下来让我们后人们看到的，还都是那些不易腐朽能得到长久保存的陶、石、骨质器物上的文字。其中在陶器上书写、刻划、戳印等留下的文字，都被称为陶文。

由于陶器生产的万年不绝，因此在这么长时间里形成的陶文，就自然成为后人研究古代文字并由之而开展古代历史研究的重要内容。不过由于历史上读书识字的学者和收藏家们相当长时间里关注的对象，都是金

---

[1]（汉）司马迁：《史记》，中华书局，2013年，第38、39页。

[2] 中国社会科学院考古研究所：《中国考古学·新石器时代卷》，中国社会科学出版社，2010年。

[3]（汉）许慎：《说文解字》，中华书局，2013年，第182页。

[4]（汉）许慎：《说文解字》，中华书局，2013年，第316页。

石材质上的文字，因此对陶文进行著录并加以考释的时间，就一直迟到了清代晚期。

从目前资料看，至少到清道光年间陶文已开始被记录下来。如道光十七年（1837年）马星冀《邹县金石志》就记载了在邹县出土陶文的相关情况[5]。但陶文引起学界关注，还要迟到多年之后陈介琪（簠斋）同治十一年（1872年）五月六日发现陶文后的收藏，正是从陈介琪开始，才全面开启了陶文收藏、整理与研究[6]。那时，陈介琪就不仅“是陶文研究的创始者，也是最重要的陶文收藏家”[7]。陈介琪之后陶文的收藏渐丰，“山东、河南、陕西等地又发现了齐、燕、韩、秦诸国陶文，其中以齐、燕旧地出土量最多”[8]。

与大多数文字资料发现的早期一样，这时期陶文在被学者或藏家关注和收藏后，多仅是以拓本的形式在学者友好及藏家间流传，很晚才成书传世。“得以刊行者只有刘鹗《铁云藏陶》、日人太田孝太郎《梦庵藏陶》、黄宾虹《陶玺文字合征》及孙涛、孙鼎据周进所得陈介琪藏合编的《季木藏陶》数种而已”[9]，这自然就使古陶文的研究成为“古文字学园中比较冷清的角落，有关论著的数量非但比不上甲骨、金文，甚至不及泉币、玺印等门类”[10]，而裘锡圭先生也指出，“陶文资料很零散，受重视的程度大大低于甲骨文、金文等古文字，因此在很长的一个时期里，著录和发表的情况很多不立项，严重影响了古陶文研究的进展”[11]。这种情况直到高明先生《古陶文汇编》（1990年）、高明、葛英会先生《古陶文字征》（1991年）的出版后才有较大改观。

二、秦陶文

从陶文的发现看，在相当一段时间里，“在种类繁多的陶文中，数量最大的是战国陶文，而在战国陶文里面，又以在山东境内的齐、鲁、邹、滕等地陶文为大多数。秦、燕陶文数居其次，其他地区陶文便只是零星发现”[12]。

秦地陶文的发现，王恩田先生据王懿荣的一则题跋，判断道光十四年（1834年）进士，卒于咸丰六年（1856年）的吴式芬曾藏过一件传出长安的有铭陶鼎[13]，应是目前所知秦地陶文见于文字记述的最早记载（是否是秦陶文尚需探研，但多视为秦陶文）。这样，秦地陶文与齐鲁陶文的发现时间就应大略仿佛。这可能就是在早期陶文的收集中，秦地陶文收藏和著录出现较早的重要原因。其中重要者，如“陈介琪、吴大澂

[5] 王恩田：《陶文图录·自序》，《陶文图录》，齐鲁书社，2006年，自序第1页。
[6] （清）陈介琪：《秦前文字之语》，齐鲁书社，1991年，序第3页。陈继揆言同治十年之后“古陶器文字初为簠斋所发现”。李学勤指出在同治十一年（1872年），见李学勤：《山东陶文的发现和著录》，《齐鲁学刊》1982年第5期，第35页。据陆明君：《陈介琪年谱》，西泠印社出版社，2015年，第213页。载“五月六日，与同邑于姓得即墨古县（今平度东南）所出瓦器‘陈口’陶文残片，是口所藏陶文第一片。成为首开陶文价值发现，并将其作为重要的文字遗迹而进行收藏、研究的第一人。从此，陶文成为于吉金文字、古玺印等并重的珍贵遗存，成为金石学的一个重要门类，陈氏为其创始者。”
[7] 李学勤：《陶文图录·序》，《陶文图录》，齐鲁书社，2006年，序一第1页。
[8] 何琳仪：《战国文字通论（订补）》，上海古籍出版社，2017年，第11页。
[9] 高明、涂白奎：《古陶字录》，上海古籍出版社，2014年，前言第1页。
[10] 李学勤：《古陶文汇编·序》，《古陶文汇编》，中华书局，2010年，序第1页。
[11] 裘锡圭：《陶文图录·序》，《陶文图录》，齐鲁书社，2006年，序二第1、2页。
[12] 李学勤：《陶文图录·序》，《陶文图录》，齐鲁书社，2006年，序一第1、2页。
[13] 王恩田：《陶文图录·自序》，《陶文图录》，齐鲁书社，2006年，自序第1、2页。

均曾收藏，陆曾祥《八琼室金石补正》也有记述，但其数极少。后来收集较丰的，应推陈直先生”[14]。

陈直先生（1901～1980年），字进宧（宜），号摹庐，又号弄瓦翁。祖籍江苏镇江，后迁居江苏东台，生前任西北大学历史系教授，考古研究室与秦汉史研究室主任，为中国考古学会理事和中国秦汉史研究会筹备小组组长，长期从事秦汉史与秦汉考古研究。他在1940年迁居西安后“长安乐访古，瓦文日搜剔”，对秦汉砖瓦陶文瓦当等秦汉文物进行了专题收集与整理，并最早系统的运用到秦汉史研究之中。1953年在中国科学院向全国学术界征集学术著作后，他整理寄上了自己以关中陶文为主题的《关中秦汉陶录》（五册）与《关中秦汉陶录补编》（一册）[15]，其不仅“资料非常丰富”[16]，且“是最早研究秦印陶的专著”[17]。

随着考古学的发展，特别是随着秦雍城、咸阳、阿房宫、林光宫、秦始皇陵等秦核心遗址、陵墓考古工作的加速开展，秦陶文的发现与日俱增。

在这种情况下，长期执着于秦始皇陵考古发掘和秦代考古研究的袁仲一先生，在多年精心整理后，1987年将历年耙梳收集的六百余种1610件秦陶文进行了研究，出版了第一部秦陶文的专门著作《秦代陶文》，并在该书中开展进行了一系列的秦陶文专题研究[18]，大大推进秦陶文的系统研究。

以《秦代陶文》的出版为开端，多年来与秦代陶文相关的著述，在不断新发现的激励下陆续刊发，其重要者至少有以下几种：

1990年高明先生出版《古陶文汇编》。该书按时代分地区进行编排，“所收拓片，主要是商代、西周、春秋、战国、秦代古陶文”，其中“陕西出土古陶文”515条，是《秦代陶文》后秦陶文的又一次集中著录[19]。

2000年王辉先生出版《秦出土文献编年》，汇集到当时为止所见秦陶文830多条[20]。

2006年王恩田先生出版《陶文图录》，其卷六为“秦国与秦代”陶文，收录各类秦陶文1882件（含陶量陶文122条）[21]。

2009年袁仲一先生在原《秦代陶文》基础上扩编出版《秦陶文新编》，成为《秦代陶文》后对历年新获秦陶文资料的一次大整合[22]。该书的陶文编号达3424，收录陶文3370件，去除非文字的刻划和押印纹后实收陶文亦有3258条（含陶量文72件），远超之前诸书。但虽然如此，据学者统计，该书依然“多有漏收”[23]，其漏收陶文量达358条[24]。

2010年王辉先生出版《秦文字集证》。该书虽出版较晚，但其资料收集截至1998年，与《秦代陶文》相

[14] 李学勤：《古陶文汇编·序》，《古陶文汇编》，中华书局，2010年，序第3页。
[15] 周天游：《关中秦汉陶录·前言》，《关中秦汉陶录》，中华书局，2006年，前言第1～8页。
[16] 高明：《古陶文汇编·序》，《古陶文汇编》，中华书局，2010年，序第7页。
[17] 王辉、陈昭容、王伟：《秦文字通论》，中华书局，2016年，第354页。
[18] 袁仲一：《秦代陶文》，三秦出版社，1987年。
[19] 高明：《古陶文汇编》，中华书局，1990年。
[20] 王辉：《秦出土文献编年》，新文丰出版公司，2000年。陶文数量的统计见王辉、陈昭容、王伟：《秦代陶文》，《秦文字通论》，中华书局，2016年，第七章，第369页。
[21] 王恩田：《陶文图录》，齐鲁书社，2006年。陶文数量的统计见王辉、陈昭容、王伟：《秦代陶文》，《秦文字通论》，中华书局，2016年，第七章，第369页。
[22] 袁仲一、刘钰：《秦陶文新编》，文物出版社，2009年。
[23] 王辉：《秦文字研究的回顾与展望（提纲）》，《战国文字研究的回顾与展望》，中西书局，2017年，第17页。
[24] 王辉、陈昭容、王伟：《秦代陶文》，《秦文字通论》，中华书局，2016年，第七章，第371页。

比新增1987年至1998年初新获秦陶文288条[25]。

近年来，随着一大批秦代考古简报、报告的陆续发表，秦代陶文的发现数量还在不断增加。如《西安北郊秦墓》《西安尤家庄秦墓》"刊发了约200条秦陶文"[26]，而在《临潼新丰战国秦汉墓葬考古发掘报告》[27]、《咸阳东郊秦墓》[28]、《西安张家堡秦墓发掘报告》[29]、《秦始皇帝陵一号兵马俑陪葬坑发掘报告（2009～2011年）》[30]中，也都有数量不等的秦陶文发表。

不断丰富的秦陶文基础资料，向我们日益展示着多不见于文献记载的秦文化细节。

三、文献栎阳

根据文献记载，栎阳是秦献公、秦孝公时期的都城。秦献公二年（公元前383年），"城栎阳"（《史记·秦本纪》），将秦都从雍都迁都栎阳。到秦孝公十二年（公元前350年），"作为咸阳，筑冀阙，秦徙都之"，栎阳为秦都34年。

从历史的发展看，秦自穆公之后，如秦孝公所言，"会往者厉、躁、简公、出子之不宁，国家内忧，未遑外事，三晋攻夺我先君河西地，诸侯卑秦、丑莫大焉"，因此秦献公"镇抚边境，徙治栎阳，且欲东伐，复缪公之故地，修缪公之政令"。因此在栎阳为秦都期间，秦献公、秦孝公先后在此了一系列重要的革新，如"献公立七年（公元前378年），初行为市。十年（公元前375年），为户籍相伍"。

著名的商鞅变法，就是秦孝公时期在栎阳实施的一项重要措施。《汉书·食货志》谓，"秦孝公用商君，坏井田，开仟伯，急耕战之赏，虽非古道，犹以务本之故，倾邻国而雄诸侯"。栎阳成为秦人发展史上的一个关键转折之都。

秦末楚汉相争之际，由于"项梁尝有栎阳逮，乃请蕲狱掾曹咎书抵栎阳狱掾司马欣，以故事得已"，而"长史欣者，故为栎阳狱掾，尝有德于项梁"（《史记·项羽本纪》），因此当项羽三分关中时，就封司马欣为塞王，"王咸阳以东至河，都栎阳"（《史记·项羽本纪》），后世所言的"三秦"，此为其一。

而被项羽封为汉王的刘邦，不久即明修栈道暗度陈仓，"还定关中"，公元前206年8月司马欣投降，"汉王还归，都栎阳"（《汉书·高帝纪》），栎阳成为汉王都城。同时刘邦以栎阳为基础，向东与项羽争斗。"令太子守栎阳，诸侯子在关中者皆集栎阳为卫"（《史记·高祖本纪》），逐渐完成统一全国大业。

因此从文献记载看，栎阳为塞王司马欣都前后6月（公元前206年2月至8月），之后到汉五年（公元前202年）刘邦定陶称帝时止，栎阳为汉王都5年。

据文献，刘邦在汉王二年"九月，属汉为渭南、河上郡"（《史记·秦楚之际月表》），"雍地定，八十余县，置河上、渭南、中地、陇西、上郡"（《汉书·高帝纪》）。栎阳因此不仅是汉王首都，也应是

---

[25] 王辉、程学华：《秦文字集证》，印文印书馆，2010年。王辉先生指出该书出版于1999年，见王辉、陈昭容、王伟：《秦文字通论》，《秦代陶文》，中华书局，2016年，第七章，第369页，但从所见《秦文字集证》的版权页看，出版时间当在2010年。

[26] 王辉：《秦文字研究的回顾与展望（提纲）》，《战国文字研究的回顾与展望》，中西书局，2017年，第17页。

[27] 陕西省考古研究院：《临潼新丰战国秦汉墓葬考古发掘报告》，科学出版社，2016年。

[28] 陕西省考古研究院：《咸阳东郊秦墓》，科学出版社，2018年。

[29] 陕西省考古研究院：《西安张家堡秦墓发掘报告》，陕西科学技术出版社，2018年。

[30] 秦始皇帝陵博物院：《秦始皇帝陵一号兵马俑陪葬坑发掘报告（2009～2011年）》，文物出版社，2018年。

汉王首郡的郡治。

刘邦在汉五年“正月，杀项籍，天下平”，“二月，王更号，即皇帝位于定陶”（《史记·秦楚之际月表》），欲以洛阳为都，经娄敬、张良谏言，乃“入关”，初都栎阳，并以栎阳为基地开始营建长安，到汉王七年（公元前200年）“二月，长乐宫成，丞相已下徙治长安（《史记·高祖本纪》），“长乐宫成，自栎阳徒长安”（《汉书·高帝纪》《史记·汉兴以来将相名臣年表》），栎阳是汉帝国的第一个都城，为汉帝国都城2年。

在刘邦从栎阳徒都长安后，汉太上皇继续居于栎阳。刘邦“上归栎阳，五日一朝太公”（《汉书·高帝纪》）。到高帝十年“七月，太上皇崩栎阳宫”（《史记·高祖本纪》），“太上皇崩，葬万年”（《汉书·高帝纪》）。太上皇葬于栎阳，设万年邑以奉陵寝。栎阳就不仅是汉王朝第一个都城，也是汉王朝的第一个帝陵、陵邑的所在。

据《汉书·地理志》，栎阳西汉属左冯翊，司马迁载其“北却戎翟，东通三晋，亦多大贾”（《史记·货殖列传》），是一个当然重要的城市。东汉“建武二年，定封丹栎阳侯。帝谓丹曰：今关东故王国，虽数县，不过栎阳万户邑。夫‘富贵不归故乡，如衣绣夜行’，故以封卿耳”（《后汉书·朱景王杜马刘傅坚马列传》），表明直至东汉初时，栎阳仍是“万户邑”，远较关东地区的“故王国”为大。而据《续汉书·郡国志》，栎阳后省并于万年，属左冯翊，逐渐衰败。

四、栎阳考古

据文献记载，栎阳位于今西安市阎良区新兴、武屯街道一带，地处关中盆地的渭北灌区，石川河在遗址的北侧和东侧流淌，城址所在地较为平坦，河渠纵横。

对文献记载的秦汉栎阳城开展调查始于20世纪30年代。1932年1月28日日军侵略上海，1月30日国民政府主席林森、行政院长汪兆铭通电“决定移驻洛阳办公”[31]。到3月，国民党中常会决定以洛阳为行都，“陪都之设定，在历史地理及国家将来需要上，终以长安为宜，请定名为‘西京’，并由中央特派专员担任筹备”[32]。在西京筹备中，有刘姓委员提出“保存陕西古物”[33]，在《西京筹备委员会工作大纲》的二十一项工作中，第二十项为“调查名胜古迹”[34]。因此在西京筹备委员会的组织机构中，秘书处下设文物组，“主管保护发扬文物古迹文物等文化事业”，科员“分别担任撰拟、调查该管工作之推进”，“每周应将工作情形报告于业务会议”[35]。

[31] 《国民政府移洛办公宣言》（民国21年1月30日），西安市档案局、西安市档案馆，《筹建西京陪都档案史料选辑》，西北大学出版社，1994年，第2页。

[32] 《国民党中常会提议以洛阳为行都、以长安为陪都案》（民国21年3月），西安市档案局、西安市档案馆，《筹建西京陪都档案史料选辑》，西北大学出版社，1994年，第3页。

[33] 《西京筹备委员会第一次谈话会记录》（民国21年3月），西安市档案局、西安市档案馆，《筹建西京陪都档案史料选辑》，西北大学出版社，1994年，第151～153页。

[34] 《西京筹备委员会第一次谈话会记录》（民国21年3月），西安市档案局、西安市档案馆，《筹建西京陪都档案史料选辑》，西北大学出版社，1994年，第151～153页。

[35] 《修正西京筹备委员会秘书处办事规则》（民国32年8月），西安市档案局、西安市档案馆，《筹建西京陪都档案史料选辑》，西北大学出版社，1994年，第19～24页。

从现有资料看，西京筹备委员会开展的古迹调查有一贯明确的调查目的，“名胜古迹之保存于表扬，民族谒陵之规定，大之所以振发民族精神，小之所以号召后之来者，而亦所以增益西京历史文化的价值”[36]，“文化为民族精神之表现，其兴衰动关国家之兴亡，故特别重于此项工作”[37]，“文化关系国本”[38]。因此西京筹备委员会明确提出，“凡遇于文物有关之事，不论何物，皆宜注意”[39]。

在这个过程中，西京筹备委员会负责古迹调查的陈子怡先生，整理出版了《西京访古丛稿》。该书第三篇文章为《汉栎阳考》。从该文叙述看，陈子怡叙述有鉴于“栎阳为秦汉名都，其形势伟大，固非一般城池所得而比。降及后世，虽夷为县，而其地势之雄壮，犹如故也。以如许大之胜迹，至于今日，在志承上竟云不知其处，斯则未免可异”，因此对栎阳进行文献梳理和调查，判断“秦汉栎阳，在今栎阳东北二十五里，今武家屯（即广阳镇）。……今武家屯北约四五里，又有古城屯，即所云又有古城在县北也。今城已无迹，人已不知为古城屯，而呼曰古尔屯，惟公文上尚曰古城屯也。秦汉旧都，当即此城。古城屯是其北边，广阳镇是其南边耳。”[40]。

但由于“七・七事变暴发，我对倭寇全面抗战，因此中央减缩经费。本会经费自是年九月起一度紧缩为七成，自二十七年三月起，再度紧缩为五成，而犹大部分未能领到”，因此西京筹备委员会此后的“工作多为维持已往之建设，使不至于因时局影响而有废坠；一方面在人员疏散及物价高涨之情况下，仍努力于有关国防之建设”[41]，从民国26年7月至28年12月的两年半时间里，再未开展古迹调查。民国29年在“经请拨昔所结余经费，或由其他机关补助，以从事新的工作”后，才重新开始古迹调查，但规模已大不如前[42]，再未对栎阳进行专题调查。

真正意义上的栎阳城考古，始于20世纪60年代。1963年1月15日，陕西省临潼县武屯公社关庄生产队村民李海峰、韩忠敏在管庄东村东南100米左右掘土时于地下1米发现铜釜1口，其口部用瓦片封堵，内置金饼8枚，并在附近发现秦代云纹瓦当。之后陕西省文物管理委员会派人进行了现场调查，根据周围瓦片的堆积及附近地区的其他遗迹，判断此地可能即是秦国都城之一的栎阳遗址。据介绍，在当地农民家中尚可见到陶坛、水道、铁铲等战国晚期秦国器物（《文物》1964年7期）。

1964年7月，陕西省文物管理委员会根据前述金饼发现后调查获得的线索，派田醒农、雒忠如等先生，对1963年铜釜、金饼发现地点进行为期15天的考古调查。确认栎阳城“在今咸铜阎良车站东南约十公里处，西南距今栎阳镇约十二·五公里，南距渭水约七·五公里，东北距今富平县约十公里，东南距今相城镇约五公

---

[36] 《西京筹备委员会成立周年报告》（节录），西安市档案局、西安市档案馆，《筹建西京陪都档案史料选辑》，西北大学出版社，1994年，第154～163页。

[37] 《西京筹备委员会工作概况（民国29年6月）》，西安市档案局、西安市档案馆，《筹建西京陪都档案史料选辑》，西北大学出版社，1994年，第196～209页。

[38] 《西京筹备委员会工作报告（民国24年11月至27年3月）》，西安市档案局、西安市档案馆，《筹建西京陪都档案史料选辑》，西北大学出版社，1994年，第183～188页。

[39] 《西京筹备委员会各工作事项（民国30年）》，西安市档案局、西安市档案馆，《筹建西京陪都档案史料选辑》，西北大学出版社，1994年，第223～226页。

[40] 陈子怡：《汉栎阳考》，《西京访古丛稿》，西京筹备委员会，1935年。

[41] 《西京筹备委员会工作概况（民国29年6月）》，西安市档案局、西安市档案馆，《筹建西京陪都档案史料选辑》，西北大学出版社，1994年，第196～209页。

[42] 以上内容选录自：刘瑞：《西京筹备委会的古迹调查——附谈〈西京附近各县名胜古迹略图〉》，《长安学研究》第一辑，中华书局，2016年，第338～351页。

里，北与康桥镇仅隔一石川河，相距约二·五公里之遥。遗址西边距今武屯镇350米，地处石川河东流折向南的转弯处，今之泾惠四支渠，横贯其中，地势平坦，古今渠道纵横，其范围包括今关庄、新义、东西党家、南丁、华刘、汤家等七个自然村落，东西宽1801米，南北长2232米。在此地区内，到处分布着秦至汉初的瓦片，有的地方堆积层厚达2米”。不过“这次调查，因时间短促，对发现的各类现象，仅作了一般性的初步介绍，许多问题，需要作进一步的了解后，方可得出确切的结论。因为我们计划重新组织调查组，对此遗址进行一次全面的调查，以期获得更多的标本进行研究”（《文物》1966年1期）。

1980年4月至1981年12月，由刘庆柱、李毓芳先生组成的中国社会科学院考古研究所栎阳发掘队，对栎阳城遗址开展了四个季度的考古勘探与试掘。通过勘探和试掘，确定了栎阳城城址的分布范围，发现南墙、西墙和三处门址，发现秦汉道路13条、秦汉建筑遗址、一般居址和手工作坊遗址等15处，并发掘了南门遗址，还对城墙、道路和部分遗址进行重点试掘，基本弄清了栎阳城遗址的西北、东南和东北墓区的分布范围和时代。同时还勘探了位于栎阳城西北的汉太上皇陵和昭灵皇后墓，并在栎阳城东南发掘了战国晚期至东汉的部分秦汉墓葬。不过由于“地表之上已无遗迹可寻，遗物也不多，文化遗迹、遗物一般在地表以下1.5～2米。近年来，城址所在地区地下水位上升，一般地表以下1～1.5米即为泥状，因此给勘探和发掘工作造成很大困难”，因此未能发现北墙、东墙。经考古工作确认，“栎阳故城应是一东西长约2500、南北宽约1600米的长方形城址，这与《长安志》卷十七栎阳县条记载栎阳故城‘东西五里，南北三里’的约数基本相符”（《考古学报》1985年3期）。

2000年，秦汉栎阳城遗址被国务院公布为第六批全国重点文物保护单位。2012年春，为进一步确定栎阳城遗址保护范围，为阎良区区域规划提供可靠资料、为栎阳城保护规划的制订提供科学根据，西安市文物局与阎良区政府协商重启栎阳城遗址考古，安排由中国社会科学院考古研究所刘瑞、李毓芳，与西安市文物保护考古研究院（王自力2013～2014年、柴怡2013年、宁琰2014年、张翔宇、高博2015年至今）联合组成的阿房宫与上林苑考古队，负责开展栎阳城遗址的考古工作。在经过一系列准备之后，2013年4月2日，在国家文物局、陕西省文物局、西安市文物局的大力支持下，在西安市阎良区文体局的大力协助下，考古队重启栎阳考古。

受遗址区内地表密布蔬菜瓜果大棚及小麦玉米等农作物限制，勘探以在田埂、大棚间空地为主。在勘探同时，还对勘探范围及周边区域田埂、崖面等开展调查，并在勘探确定遗存后进行试掘，以确定遗存的时代与性质。

在2013～2014年复探了1980～1981年考古勘探的南墙、西墙，并在局部地段发现了城址北墙，将该城址编号“一号古城”。勘探初步确定，城址南北约2430米，东墙未发现。并在寻找一号古城东墙过程中，在遗址东北御宝屯一带，勘探发现一条东西向墙基，向东延伸至石川河边北折后被石川河冲断，其向西延伸，勘探得知该墙基东西长约3100米。后在其东西墙的西端发现南北向墙基，向北延伸到石川河南岸后被冲毁无存，勘探得知该墙基南北长约3800米左右。其所围城址编号为“二号古城”。在城墙的解剖发掘中，于城墙之下的墙基中出土五铢钱，藉此确定二号古城的上限不早于武帝元狩五年（公元前118年）。在城墙南侧发掘中，发现城南环城道路被新莽时期墓葬破坏，表明城址废弃大体在汉末新莽时期。

在勘探二号古城西墙的过程中，在二号古城西墙向西约1500米发现夯土遗存（F1），判断其应为另一古城的建筑遗址，该古城编为“三号古城”。为确定该遗址的时代与性质，对F1进行了试掘。在发掘的地层及遗迹中出土花纹砖、葵纹瓦当、动物纹瓦当、云纹瓦当、素面瓦当等建筑材料，并在H51中出土槽型板瓦残块。后经确定，在F1之下仍叠压有早期夯土遗存，而在该遗存下尚有东西向人工沟渠存在，其内出土动物纹半瓦当等遗物。根据地层堆积及出土遗物判断，F1的修建上限不早于战国中期，至迟到西汉早期该建筑已被破坏成为废墟。而在进一步的勘探中，于F1东北发现一座东西105、南北约100米的近方形院落。该院落东、北、西侧为宽10米左右廊房遗迹，北侧廊房中间有宽约5.6米门道，南侧中间门道宽约7.3米，两侧为边长14米左右的近方形夯土台基，向外通过宽约2米围墙分别与东西廊房连接。院内尚未发现建筑遗存。在院落北门向北260米内发现四座夯土建筑基址。

鉴于在一定区域内密集分布有三座古城的情况，为准确确定栎阳城遗址的遗存分布，考古队以三座古城为中心，在周围开展了大范围勘探。经勘探确定，遗址东侧跨过石川河，位于今石川河以东，距二号古城东南角约1700米。遗址南侧边缘大体位于武屯街道的任家村、王北村、任赵村、三合村、耿东村、耿西村一带，南距一号古城南墙约1500米。西侧边缘大体位于武屯街道耿西村、新兴街道槐树村、仁和村、屈家村、张大夫村、官路村一带，向北至石川河，西距一号古城西墙约2600米。北侧边缘大体位于康桥镇的槐园、菩萨坡一带，北距二号古城北墙约1000米。受石川河分割，栎阳城遗址可分为石川河西、石川河东、石川河北三区，面积合计约36.51平方千米。

通过2013～2014年度的考古勘探与试掘，基本确定了栎阳城遗址的四至范围。对三号古城内遗存的发掘显示，其建筑的上限不早于战国中期，下限到西汉前期，其时间范围与文献所载的秦建都栎阳时间基本相合。而该地点出土的动物纹瓦当、槽型板瓦特征明显，不仅与凤翔秦雍城遗址的同类遗物形制大体相近，且前后时代基本衔接。据相关发现，三号古城大体应为战国秦栎阳城的所在。从城址延续到西汉早期看，其也应是汉初栎阳城所在。

在前述大范围的考古勘探中，发现了丰富的古代河道、淤土等水相沉积，推测在栎阳城遗址范围内之所以分布多座古城的原因，应与不同时期石川河的泛滥改道不断冲毁而重建新城有直接关系（《中国文物报》2015年9月11日）。

在确定三号古城的时代后，考古队的工作遂集中于三号古城，在2017年勘探发现前后两期的三号古城的北墙和西墙，其中前期北墙已探出东西长440、西墙南北长180米，后期北墙已探出东西长105、西墙南北长200米。但受三号古城区域蔬菜大棚等的严重影响，目前南墙和东墙尚未发现。

在三号古城北墙以南、西墙以东勘探的区域内，已发现由南向北编号为一号至四号建筑的四个大型夯土建筑台基。其中一号建筑位于南侧，规模最大，勘探东西长约67.5米；一号建筑向北约18米为二号建筑，其勘探东西长41米，东部有通过廊道等建筑与一号建筑连接；经发掘确定，一号建筑南北宽22.3米，二号建筑南北宽11、残高0.5～0.8米，台基外立面局部保留白灰墙皮。二号建筑向北约18米为三号建筑，其勘探东西长约56.6米，向南通过廊道与二号建筑连接；三号建筑向北30.5米为四号建筑，其勘探东西长约34.5、南北宽约10米。在四号建筑西侧4.7米发现五号建筑，勘探东西长约23.5、南北宽约13.5米。

在一号建筑台基向南约67米，勘探发现一东西105、南北约100米的近方形院落。该院落东、北、西侧均为宽10米左右的廊房，北侧廊房中间有宽约5.6米门道，南侧中间门道宽约7.3米，两侧为边长14米左右的近方形夯土台基，分别通过宽约2米左右围墙与东西廊房连接。院内未发现建筑遗存。

在勘探寻找三号古城南部范围的过程中，在前述大型院落向南170米左右，在东西约520、南北约410米范围内勘探发现较连续的红烧土和瓦砾分布区。进一步勘探显示，在该区中部存在四条南北向的东西宽约3～4、南北最长约406米的大型沟渠，将该区域做出一定的区域划分。经2016、2017年试掘，初步确定该区域为手工业生产区。

在三号建筑夯土台基内清理出半地下建筑。在四号建筑中发现浴室、壁炉遗迹，在五号建筑发现浴室及与浴室地漏相连的管道、渗井等排水设施。从发掘情况看，地下遗存为同时建设，废弃时间也应基本同时。

在三号古城发掘中，出土了大量内面饰麻点外面饰细绳纹、中粗绳纹的筒瓦、弧形板瓦、槽型板瓦和素面瓦当、动物纹瓦当、云纹瓦当等建筑材料。并出土了长73、径63厘米的巨型筒瓦，是迄今为止中国考古发现的最大筒瓦，同时发现多个与辽宁碣石宫遗址B型大半圆瓦当纹饰相近的瓦当残片。从出土建筑材料看，三号古城应上承雍城，延续到西汉前期。从三号古城试掘清理的半地下室建筑、空心砖踏步、巨型筒瓦、瓦当、浴室、壁炉等遗迹遗物看，相关建筑遗存当为秦高等级宫殿建筑。

据文献记载及出土遗物，三号古城上限不早于战国中期，与文献所载秦献公、孝公建都栎阳时间吻合，为战国秦都栎阳。从城址延续到西汉前期判断，其亦当为塞王司马欣之都，为汉初刘邦所都栎阳。从栎阳考古发现看，不仅三号古城发现的半地下建筑、浴室、壁炉等设施，空心砖踏步、巨型筒瓦、瓦当等遗物是目前为止在秦考古发掘中的最早发现，而且相当多的秦汉建筑制度也均应始于栎阳城。

2018年4月，栎阳城遗址考古入选2017年全国十大考古新发现[43]。

五、栎阳陶文

在历年栎阳考古中，早有少量陶文发现：

（1）在1964年的栎阳考古中，在一块陶器底部发现有“𣪘寿其氏”4字戳印，发掘者认为“𣪘”指器物名，“寿”为吉语，“其氏”可能是造器者姓氏。

（2）在1980～1981年的栎阳考古中，发现了4件陶文戳印的陶器和砖，其中罐2件，器底和砖各1件。陶文有阴文“栎市”3、阳文“敬”1。带“栎市”的两件陶罐（CY：04、CY：05），陶文均戳印于外壁近底部。八号遗址出土的ⅡB式花纹砖的砖侧上部戳印“栎市”。在结语中，刘庆柱、李毓芳先生指出“Ⅷ号遗址出土有‘栎市’陶文的Ⅱ式花纹砖，字体为小篆，此与秦始皇陵出土的有‘栎市’戳印的秦代陶器之陶文相同，可以认为这种花纹砖不会晚于秦统一，它的上限甚至可能早到战国中期”。

在栎阳城之外，与栎阳有关的陶文，还见于秦始皇陵一号坑T2G1：33号陶俑上“咸阳高　栎阳重　临晋囗　安邑囗”刻文[44]。而“栎市”陶文，还见于渭南同家大队[45]、秦东陵二号陵园、临潼韩峪乡刘庄村秦

[43] 本“前言”的第三、第四部分内容，择录自刘瑞《栎阳考古发现与研究·前言》的相关章节，见中国社会科学院考古研究所、西安市文物保护考古研究院：《栎阳考古发现与研究》，科学出版社，2020年。

[44] 袁仲一：《秦代陶文》，三秦出版社，1987年，第102页，第167号，拓片见第207页，拓片第368号。

[45] 袁仲一：《秦代陶文》，三秦出版社，1987年，第120页，第549号，拓片见第357页，拓片第1318～1321号，共4枚“栎市”。其中第1321号原读为“栎”，从拓片看应为“栎市”陶文之残。该书第356页拓片第1313号从拓片看亦“栎市”，不过该拓片编号不见于登记表，出土地不详。

墓[46]、澄城良周村宫殿遗址[47]。近年在临潼新丰秦汉墓地发掘中，也出土多枚“栎市”陶文[48]。

从上述情况看，由于2013年之前栎阳开展的考古工作因各种原因都较为短暂，因此栎阳发现的陶文，无论是种类上还是数量都很难与雍城、咸阳、阿房宫、林光宫、秦始皇陵等秦遗址发现的陶文相比，自然在长期以来的秦陶文研究中，很难见到关于栎阳陶文的论述。

2013年重启栎阳考古以来，随着各项发掘工作的不断推进，陆续出土了一定数量的陶文资料。考虑到完整的秦汉栎阳考古报告整理和出版尚需时日，因此我们将截至2018年底出土的栎阳陶文，和之前1964、1980～1981年出土的陶文进行统一整理，形成大家见到的《栎阳陶文》，共收录各类陶文115条，以供学界研究之用。

因栎阳陶文之前发现少，为便学界使用，在此简呈一些我们就栎阳陶文的初步认识。

（一）栎阳陶文的种类与内容

栎阳陶文，在本书中刊布者，可为刻划陶文、戳印陶文两类（共计144器物上158个陶文）。需要指出的是，在清洗2019年发掘陶片过程中，我们发现1例书写于陶瓦上的朱书文字，因此栎阳陶文的种类，就应包括书写、刻划、戳印三类。数量上，书写陶文最少，刻划陶文次之，戳印陶文最多。

1. 刻划陶文

刻划陶文，指在器物烧制好后，在器物的表面用坚硬之物刻划出的文字。

目前，在栎阳发掘出的3个器物上发现了5字刻划陶文。从现有发现看，已发现的栎阳刻划陶文，均刻划于陶罐之上。

（1）“栎阳”“宫”，刻划于TG27H83②：22陶罐口沿之下。该器口沿完整，口沿下的残存部分有“栎阳”“宫”3字。其中“栎阳”2字自右向左顺时针读，“宫”字残存上部，刻写“阳”字的顺时针方向，与“栎”之间有一定距离。由于该器仅存口部，是否原来还有其他文字已无法确定。

“栎阳”，地名，见前引文献。

“宫”，东汉蔡邕《独断》：

天子[以天下为家][49]，自谓[所居]曰行在所[50]，犹言今虽在京师，行所至耳。巡狩天下，所奏事处

[46] 袁仲一、刘钰：《秦陶文新编》，文物出版社，2009年，第207页。

[47] 袁仲一、刘钰：《秦陶文新编》，文物出版社，2009年，第236页。

[48] 陕西省考古研究院：《临潼新丰战国秦汉墓葬考古发掘报告》，科学出版社，2016年。

[49] “抱经堂丛书本”作“天子以四海为家”，下校：“五字脱”。

[50] 《文选·三月三日曲水诗序》注引《独断》（2053页）：“天子以天下为家，自谓所居为行在所”，《汉书·武帝纪》（181页）注引如淳曰：“蔡雍云天子以天下为家，自谓所居为行在所，言今虽在京师，行所在至耳。”据而改。《后汉书·光武帝纪》（15页）注引《独断》：“天子以四海为家，故谓所居为行在所”，“抱经堂丛书本”作“故谓所居为”，删“自”，“所居”下校“曰：俱据《后汉书·光武帝纪上》注引补正。《文选·颜延年曲水诗序》注同。”《文选·颜延年曲水诗序》所引见上。不从。

皆为宫。在[长安则]（京师）曰“奏长安宫”，在泰山则曰“奏奉高宫”[51]，唯当时所在[52]。

蔡邕言天子以四海为家，“奏事”处均可称“宫”。从文献看，秦王所居多称“宫”。如《史记·秦本纪》载“文公元年，居西垂宫”，“武公元年，……居平阳封宫”，“德公元年，初居雍城大郑宫”。在《史记·秦始皇本纪》中还载宣公“居雍之宫”。“栎阳　宫”陶文的发现，表明栎阳城遗址三号古城即应是当时之“宫”，是秦王所居处理奏事之处。从文献中秦王所居之处很少言“都”，而径直言“宫”的情况看，“栎阳　宫”所表达的，大体即是栎阳都。

（2）“木”，刻划于TG18J4⑤：26陶罐口沿之下。从器物口沿形制看，其与TG27H83②：22陶罐口沿相同，时代应相近。

“木”，单字，所指不详。

（3）“栎”，刻划于TG27H83②：28陶罐残片纹饰之间的空白区域，“栎”字下部残。

“栎”，残存字的上半部。“栎”的写法与TG27H83②：22“栎阳”之“栎”相近。

2. 戳印陶文

戳印陶文，亦称为抑印陶文，指在器物制作成型后，用带有文字或图案之“印”压抑于陶器，使文字留存在陶器之上所形成的陶文。

截至2018年底，在栎阳考古中共在141器物上发现153个戳印陶文，基本是一物只有一印，但有7件器物各有2个陶文戳印，在2件器物上一物三印。

带有戳印的器物，既有陶器，也有筒瓦、板瓦、瓦当、砖等建筑材料。就目前所见，陶器上的戳印，既有在器物内壁抑印，亦有在器物外壁抑印，位置并不固定。一般来说，陶罐、陶釜之上戳印见于外壁，陶盆、陶钵（陶盒）上的戳印见于内壁。建筑材料上的戳印，筒瓦、板瓦上的戳印多位于瓦的表面，但内面也有发现；瓦当上的戳印集中分布在边轮侧面；砖上的戳印，素面砖位于砖面，花纹砖位于砖侧。此外，不管是陶器还是建筑材料上戳印的方向均不固定，戳印有正有反，大量戳印更为倾斜。上述情况表明，在一段时间里，就戳印的具体位置和方向，可能并没有一个以供严格执行的具体规定。

据陶文上文字数量，可将已见的栎阳戳印陶文分一字陶文、二字陶文和四字陶文三类。

（1）一字陶文，指戳印上的文字仅有1个。

目前栎阳可释读的一字陶文已有13种（就、婴、亥、癸、雕、哉、楮、冉、它、安、困、审、茭），此外还有多个单字因磨泐严重无法释读。按之前陶文研究的意见，相关陶文的内容均为人名。

一字陶文多为1物1陶文，少数器物1物2个陶文（陶文分别为“就”“癸”“楮”，其中1物2“楮”的情况最多），2个器物上有3个陶文（陶文分别为“婴”“楮”）。

---

[51] 据《史记·卫将军骠骑列传》（2928页）《集解》引蔡邕言“在长安则曰奏长安宫，在泰山则曰奏奉高宫”补。《艺文类聚·帝王》卷11引《独断》：“巡狩天下，所奏事处皆为宫，在长安则曰长安宫，在泰山则曰泰山宫，唯当时所在。”

[52]（汉）蔡邕著，刘瑞校：《独断》，待刊。

（2）二字陶文，指戳印上的文字有2个。

目前栎阳发现的器物上，已发现4种可辨识的二字陶文（任畀、宫辰、笃口、栎市）。现有资料中，均为1物上1个戳印陶文。陶文的内容，既有人名（如任畀），亦有机构名（如“栎市”），还有可能是机构名+人名（如“宫辰”）。

从二字陶文的发现看，抑印出来的陶文有方形、长方形等2种。个别陶文有边框有界格，如“任畀”，但多数无边框无界格。

从目前发现的情况看，“栎市”陶文最多，且从“栎”“市”二字的排列形式多样，表明其延续了一个较长的时间。

（3）四字陶文，指戳印上的文字有4个。栎阳发现的四字陶文可分2类：

第一，同印戳印。指用四字戳印抑于陶器之上。从发现情况看，此类陶文数量最多。不仅1964年发现有“殷寿其氏”，还在发掘出的陶水管上发现了7个四字陶文。从已有陶文看，抑印陶文的印章均有边栏有界格。由于陶文多模泐，其所指为何意，暂难确定。

第二，单字戳印。指“高甘来请”陶文。从残陶片上的这四字陶文的分布情况看，其四字的字口深浅有一定差异，而每个单字之间的位置也并不一定，无边栏无界格。因此，很可能是用四个单独的字印逐一抑印在陶器上，形成了现在见到的四字陶文。从陶文发现看，这种抑印法尚为首见。“高甘来请”所指为何意，暂难确定。

（二）栎阳陶文的历史价值

从目前已发现的情况看，栎阳陶文已发现书写、刻划、戳印等三种陶文的文字形态，其陶文种类的全面性为其他遗址所罕见。这些陶文大体有以下几点价值：

（1）“栎阳　宫”陶文，是栎阳城遗址所在地历史地名和栎阳历史地位的直接物证。

从现有考古发现看，刻划陶文大体分两种情况，一是在器物制坯后烧制之前，在器物坯上刻划出文字后烧制形成陶文；二是在器物生产后使用过程中在器物上刻划形成陶文。

秦汉陶器上刻划陶文的内容，一般是地名、职官、姓氏或人名、容量或重量、数量或编号、器品或器内物品名等多种[53]。

在器物烧制前刻划上的文字，其中职官和人名多与该器物生产有关。如从袁仲一先生收集的秦始皇陵兵马俑发掘资料看，在LXT10：14、T12：3板瓦上刻划有“左司空”，在LXT5：5、T5：2等板瓦上刻文“左司”，但在同遗址出土的LXT5：39、40、41、42等板瓦上戳印“左司”[54]，这就表明无论是戳印还是刻划，它们所显示的都应是该瓦由“左司”（左司空）负责生产。同样从秦兵马俑上陶文的发现看，如“宫係”，在T19G10：46、55等陶俑上为戳印，而在T20G9、T1G3：28、125②（？）等陶俑上则为刻文[55]。这

[53] 秦始皇帝陵西侧赵背户修陵工人墓坑内出土的瓦文为墓志的性质，标明墓中人的来源、身份，与一般的刻划陶文不同。

[54] 袁仲一：《秦代陶文》，三秦出版社，1987年，第106页。

[55] 袁仲一：《秦代陶文》，三秦出版社，1987年，第99页。

就表明，无论陶俑上人名是刻划还是戳印，其所显示的都是其是由“宫係”等人负责生产。一般来说，烧制前刻划文字形成刻划陶文的情况，在建筑材料中较多，体现内容多是与该建筑材料生产有关的机构和人名。

在器物使用期间形成刻划陶文中的地名，通常认为是该器的使用之地，也就是“置用地”地名。除“栎阳 宫”外，在秦始皇陵马厩坑还发现过“左厩容八斗”“宫厩”“中厩”“小厩”等标志该马厩坑地名和性质的刻划陶文。在秦始皇陵遗址发掘中，还发现“丽邑食官”“丽邑食官左”“丽邑食官右”“丽邑二斗半八厨”“丽山、尚”“食官囗，反一斗”“丽邑五升”“丽邑九升”“大厨”“东园囗”“囷”等标明该遗址地名和性质的刻划陶文[56]。在雍城还出土过“隐成吕氏缶容十斗”“北园王氏缶容十斗”等刻划地名、姓氏、器名和容量的文字[57]。

在特定需求下，还会在器物上刻划出较长文字，形成较长篇的陶文。如在户县出土的著名的秦“秦惠文王前元四年封宗邑瓦书”。而从《季木藏陶》的著录看，有的陶量上还会刻划出长篇诏书[58]。

如前所言，阎良栎阳城遗址三号古城发掘出的“栎阳 宫”陶文，其中“栎阳”表明该地为文献之中的“栎阳”，“宫”则不仅显示该器为“宫”中用器，且表明栎阳有“宫”。从前引文献的记载看，秦王所居例而称“宫”，宫即为都。

（2）“栎市”等戳印陶文是秦人市场化革新和秦陶文发展的实物例证。

战国时期随着官营、私营手工业的不断发展，产生了加强管理的要求与措施，“物勒工名，以考其诚”即是对此的直接记录。于是，就在陶器上直接抑印出生产机构、生产者或管理者的名称，使人们在使用该器时能径直了解该物的由来。

从秦陶文发现看，虽在雍城等地发现了一些刻划陶文，但尚未见到能早到战国中期以前，也就是秦都栎阳之前的戳印陶文。因此，从目前所知看，栎阳陶文中的戳印陶文，应是目前所见的最早的秦戳印陶文。

在栎阳出现戳印陶文，与栎阳的历史背景直接相关。从前文叙述和征引文献看，秦穆公成就霸业之后很快去世，在之后一直到秦献公迁都栎阳之前的较长时间里，以雍城为都的秦人不断衰落，因此才有秦献公的迁都之举。而都栎阳之后，秦献公很快进行了一系列革新，其中就包括市场化的改革“初行为市”，而后来秦孝公时期的商鞅变法，更将秦人革新不断深入，使得秦人摆脱了被“夷狄遇之”的待遇，在外交、军事上取得一系列重要胜利。

从历史发展看，栎阳从献公迁都开始，直到孝公迁都咸阳，它一直是一个变法之都。因此在栎阳出现一系列创新的事物，就在情理之中（在雍城出现反而有悖常理）。因此在这种情况下，作为市场化的产物，“栎市”戳印的出现就甚为自然。而随着献公“户籍相伍”的实施，秦王对辖属人口的管理自然空前加强。那么在栎阳“栎市”之外出现人名戳印陶文，就也应是这一栎阳历史的真实表现。

具有深刻影响“商鞅变法”的实施，当然会继续给秦戳印陶文的推广提供直接动力。因此，在通过印章戳印在陶器之上后，器物上就自然因戳印形制、内容的高度统一而有了一种“新”的气象，它们不断反复的出现，不断彰显着相关制度的稳定施行。

---

[56] 袁仲一：《秦代陶文》，三秦出版社，1987 年，第 124 页。
[57] 袁仲一：《秦代陶文》，三秦出版社，1987 年，第 124、125 页。
[58] 袁仲一：《秦代陶文》，三秦出版社，1987 年，第 128 页。

从秦咸阳、阿房宫、秦始皇陵等地的考古发现看，秦自栎阳之后，戳印陶文成为了陶文中主流。从前文所叙述秦始皇陵考古发现的情况看，到战国晚期（秦始皇陵开始修建于秦始皇十六年），在秦俑上的刻划陶文很大程度上是戳印陶文的“补充”。

（3）栎阳陶文是秦工官制度发展的重要物证。

栎阳陶文的不断发现，日益揭示出栎阳时期与陶器生产相关的工官生产制度。

第一，“栎市”的生产既有日用陶器（如陶釜、陶钵），也有建筑材料（如素面砖、花纹砖）。为其他类型陶文所不见。表明“栎市”在陶器的生产中具有“广谱”特征。

第二，从“栎市”陶文的发现看，不仅形态多样，而且数量众多。一般来说，作为机构标志的印章理论上应仅一枚，只有模泐、遗失后才有补发之举。因此栎阳陶文中“多种多样”的“栎市”陶文，可能即是在长期的陶器生产中不断“换印”的结果。也就是说，“栎市”负责陶器的生产持续了较为“漫长”的时间。

第三，从与砖同属建筑材料的筒瓦、板瓦、瓦当上陶文看，均未见“栎市”而仅有单字的私人印章。这可能显示出砖和其他建筑材料的生产管理存在差异。但从这些筒瓦、板瓦、瓦当是用来营建宫殿的建筑材料的情况看，这些私人印章所显示出的，可能并不是它们为私人作坊所产，而是一些具体负责的生产者或管理者。至于他们的归属，现在还难以确定。在栎阳时期是否存在着较大规模的私人生产作坊，目前尚难确定。这与在栎阳考古中仅见“栎市”，而不见如咸阳等地所见“市+人名”体现出的私人生产，正相一致。

第四，从秦咸阳、阿房宫、秦始皇陵等地的陶文看，在栎阳之后的秦人宫殿陵墓等大型营建机构有大匠、都船、宫司空、左司空、右司空、寺工等多种建构，留下了诸如“大匠”“都船”“宫得”“宫係”“右司空系”“右司空婴”“右尚”“左司”“左司高瓦”“左午”“左悁”“寺水”“寺婴”“寺颠”等的各类陶文。从栎阳发现的情况看，除了发现1枚“宫辰”陶文外，不见大匠、都船、左司空、右司空、寺工等后世秦人的营建机构。这很可能表明，在栎阳时期，秦人的营建类职官还甚“简单”，而“栎市”不仅是负责生产陶器和建筑材料的机构，很可能还有负责营建的职能。而大匠等，应是秦在迁都咸阳之后方设的职官。

第五，栎阳目前仅发现一枚“宫辰”陶文。秦始皇陵遗址发现陶文中多有“宫”字，如“宫彊”“宫係”“宫得”“宫欬”“宫臧”“宫甲”“宫丁”“宫错”“宫章”等，其“宫”多判断是“宫司空”的简省。由于栎阳陶文仅有1枚“宫”类陶文，因此其是否与秦始皇陵陶文的“宫”一致，在尚为孤例的情况下，还尚难确定。

第六，从现有发现的情况看，包括栎阳在内的各地均仅发现“栎市”而未发现“栎亭”。而从其他地点的陶文发现看，不仅既发现“咸阳市”陶文，还发现大量“咸亭”陶文，此外发现了“杜市”“杜亭”、“频市”“频亭”、“丽市”“丽亭”、“云市”“云亭”等既有“市”也有“亭”的地点，当然同时还有很多地点仅有“亭”而无“市”。

结合秦人从栎阳迁都咸阳的背景考虑，很显然，在陶器生产的管理上，秦应有一个从“市”发展到“亭”的转变。而若结合陶文发现，既然栎阳无“亭”而咸阳有“亭”，而咸阳是从栎阳而来的秦都，那么咸阳就应是首先发生这个转变的当然地点。

如果再具体一些的话，若结合秦始皇陵修建于始皇十六年，且“十六年，秦置丽邑”的记载，那这个转变发生的时间应至少不晚于始皇十六年。即，虽然我们难以确定在孝公迁都咸阳之后的哪个具体时间开始设

"亭"，但至少到始皇十六年时"亭"已设立。亦即，"亭"的设置当晚于栎阳为都，是咸阳为都时代的产物。而至少从前述咸阳既有"市"亦有"亭"的情况看，并不能得出"秦代'市''亭'的设置因其所在县邑大小而定"的认识[59]。

（4）戳印陶文为秦印研究提供了重要的实物资料。

东汉许慎在《说文解字·序》中提到"自尔秦书有八体：一曰大篆，二曰小篆，三曰刻符，四曰虫书，五曰摹印，六曰署书，七曰殳书，八曰隶书"，指出印章用字自成一体。栎阳发现的戳印陶文，是以印文抑印于未干的器物之上，是秦印的当然反映。从其用字看，戳印陶文与后来秦封泥、秦印用字明显有别，虽是小篆，但与"摹印篆"有不小差异。从栎阳戳印陶文，可以看出当时用以生产的秦印有以下特点：

第一，陶文均凹下，则秦印当为阳文。

第二，从陶文发现的情况看，抑印出来的陶文有圆形、椭圆形、近方形、方形、长方形等5种。虽考虑到戳印文字时陶器尚湿，在抑印过程中和抑印后陶器未干的一段时间里很容易形成陶文变形，因此不排除椭圆形原为圆形、近方形原本方形的可能，但从如"癸"等陶文的圆形轮廓大多非常完整，而"就"等陶文呈椭圆形明显的情况看，原用来抑印陶文的印章，很大可能为椭圆形、圆形、方形、长方形等多种。因此，从单字陶文内容为私名情况看，栎阳时期的秦私印形制应甚为丰富。

第三，陶文上的戳印大小不一，显示出用来在陶器上抑印的秦印规格也有不小差异。

从陶文看，单字陶文所体现的私名印的规格普遍偏小。而不同形制的单字私名印的大小差异也很明显。如圆形私名单字印直径约1.4厘米；椭圆形私名单字印长径1.3～1.6厘米，短径1.1～1.3厘米；方形私名单字印边长1厘米；近方形私名单字印边长差距较大，既有长1.2、宽1.1厘米，也有长2.3、宽2.1厘米的情况，总体上该类陶文中印章的边长长宽差在1～2毫米。

二字陶文中，以数量最多的"栎市"为例，大体呈近方形或长方形，既有长2.1、宽2厘米，也有长2.6、宽2厘米，还有长2.8、宽1.9厘米，差异较大。"任畀"陶文所示秦印为方形，边长1.2厘米。而"冂周"陶文所示秦印既有长2.5、宽2.2厘米，也有长2.2、宽2厘米，边长的差异也不小。"宫辰"所示秦印虽为半通印制，长1.8、宽1.1厘米，规格也与后世秦半通印有别。

四字陶文所见均为长方形，边长既有2.7、宽2.2厘米，也有长3.1、宽2.7厘米，未见后世"方寸玺"的正方形规格的秦印用于陶器生产。

第四，陶文所示秦印中，从印章形制看，椭圆形、圆形印无边栏，近方形、方形印多无边栏无界格，个别有边栏有界格，长方形印无边栏无界格；从字数看，单字印均未见边栏，二字印多无边栏界格，个别有边栏有界格，四字印多有边栏有界格。

第五，不同类型器物上抑印印章的位置有明显差异。敞口类陶器如陶钵在内壁戳印，口明显较小的陶釜、陶罐在外壁戳印。板瓦、筒瓦多戳印于表面，但内面也有少量发现，瓦当仅见于边轮侧面。素面砖在砖面抑印，花纹砖在砖侧抑印。

第六，以数量发现较多的"栎市"为代表，陶文的文字有着较为丰富的变化，不仅文字的偏旁有位置移动，而且偏旁大小也有巨大差异、文字的排列也有明显不同，仅有2字的"栎市"居然出现了如此多丰富的

---

[59] 后晓荣：《秦市亭陶文性质的新认识》，《考古学报》2019年第3期，第378页。

文字变化，自然是印章艺术研究的重要材料。

第七，“高甘来请”陶文的四字字口深浅互不相同，单字之间的距离也有差异，显示出很可能是用4枚单字印章抑印而成，为之前所不见。

第八，与后世秦印、秦封泥中所见的秦文字多较为纤细规整不同，栎阳陶文中文字的笔画多明显粗壮。栎阳陶文中文字粗壮的情况，与秦咸阳遗址、秦始皇陵遗址、阿房宫遗址等所见戳印陶文的笔画多较粗明显一致，显示出戳印陶文所示的秦印（生产用秦印）发展较为稳定，文字以粗壮为主。虽然我们尚未见到栎阳时期的秦封泥，但从战国晚期秦和秦王朝封泥所示秦印用字，与秦咸阳、秦始皇陵、秦阿房宫等陶文所示秦印用字之间有明显差异的情况看，虽然同样是泥，但由于对象的不同，抑印封泥秦印的文字，要比抑印陶文秦印的文字纤细，有着自己的发展路径。即不仅是栎阳时期，而且直到咸阳、阿房宫时期，秦都同时存在着至少两种以上的秦印。而差异的产生，主要源于抑印对象的差异。

2013年以来，伴随着栎阳考古工作的开展，陶文资料日益增多。不过由于在2018年底之前的栎阳考古，是以确定栎阳城遗址范围、勘探遗存时代、形制和性质为目的，因此历年开展的考古发掘，采取的基本都是探沟的形式，从没有整体上揭露一个单体建筑。所以在这种情况下，也就无法以建筑的背景，来进行原附属在建筑材料上的陶文进行深入分析。

不过即使如此，我们还是不难发现某些陶文在分布上的聚集现象。如戳印“就”“利”“雕”“亥”等陶文集中在三号台基，“哉”“冉”字陶文集中在三号台基的南侧和五号台基南墙之外，而“栎市”砖集中发现于五号台基。从这种陶文的聚集分布中，我们似乎可以看出不同建筑在建筑材料的“供应”上原应有一定的选择。而在三号建筑中多种陶文的聚集发现，也似乎表明在某个建筑的营建中存在多个建筑材料“供应商”的“组团”供给。

我们相信，随着三号城核心区发掘工作的不断开展，伴随着越来越多陶文的发现和整理，隐藏在这些一枚枚小小陶文后的历史“故事”，会越来越清晰的被揭示出来。

六、凡　例

（1）收录截至2018年底栎阳考古中获得的全部陶文。

（2）图录形式刊布陶文所在器物照片、陶文照片和拓片。

（3）器物下介绍陶文规格。

（4）陶文编号为各器物的考古原始编号。

（5）陶文释读以简体隶写，个别以繁体隶写。

（6）二字陶文据释读确定的顺序隶写；四字陶文从右上开始向下顺序隶读。

（7）未释文字以“囗”表示，一字一囗；若仅存一字则只隶一字。

目　录

刻划陶文

栎阳　宫　TG27H83②：22

栎阳：长5.6、宽2.8厘米

栎阳　宫　TG27H83②：22

宫：长2.3、宽2厘米

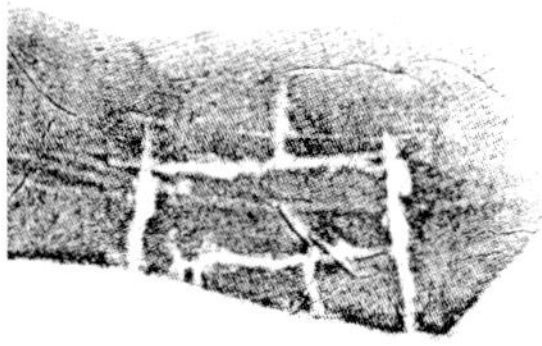

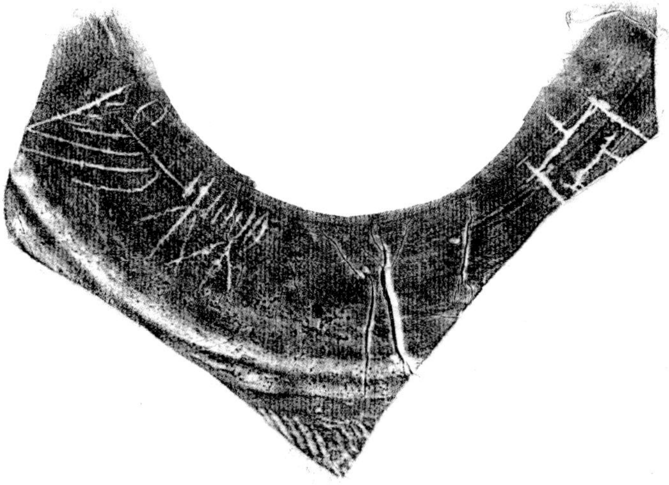

木　TG18J4⑤：26

长3.2、宽2.3厘米

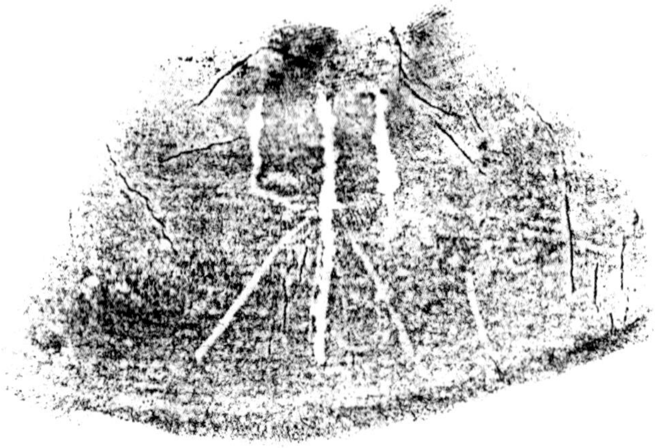

栎　TG27H83②：28

长3.2、宽2.3厘米

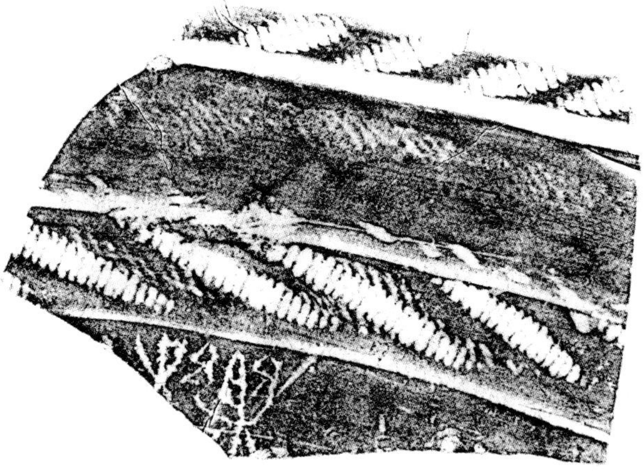

戳印陶文

一、一字

就　TG36B三号台基南⑤：45

长1.5、宽1.1厘米

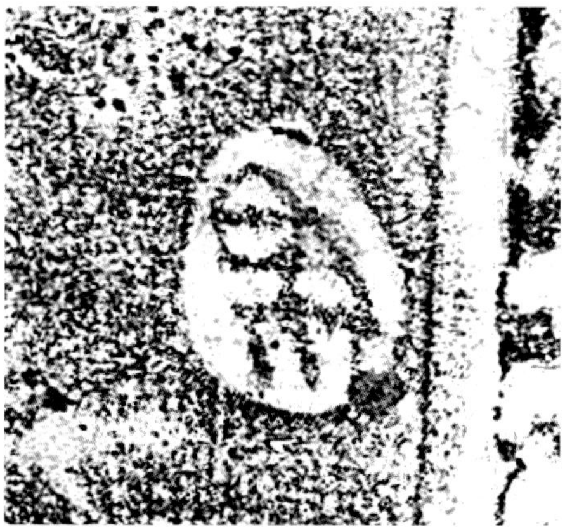

就　TG36B三号台基南⑤：47

长1.5、宽1.1厘米

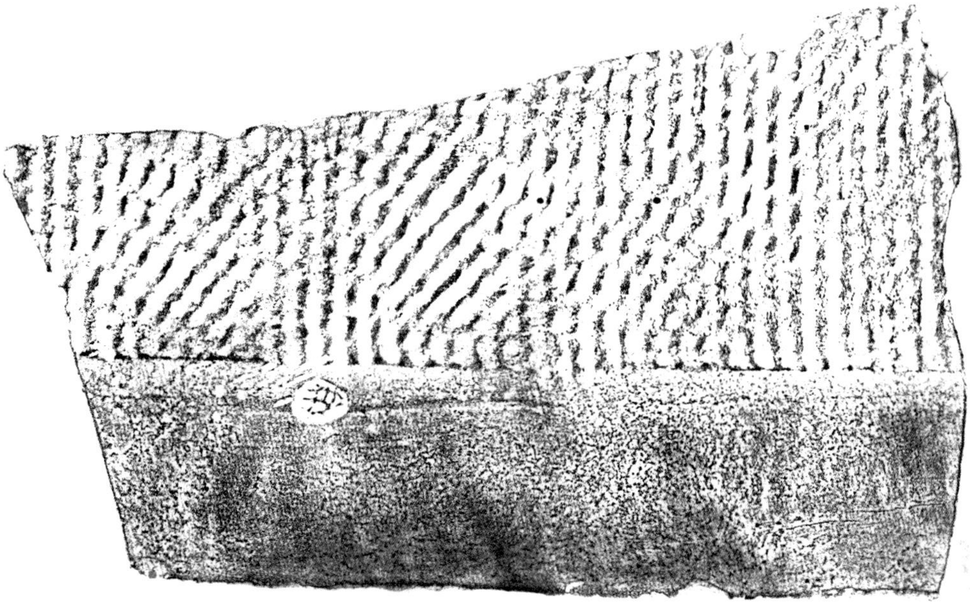

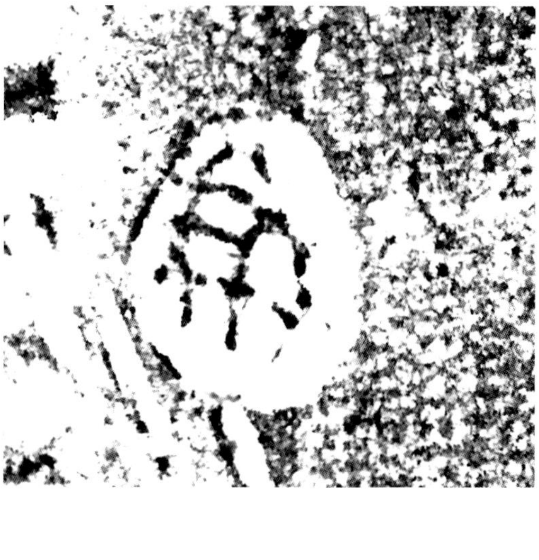

就　TG36B三号台基南⑤：48

长1.5、宽1.1厘米

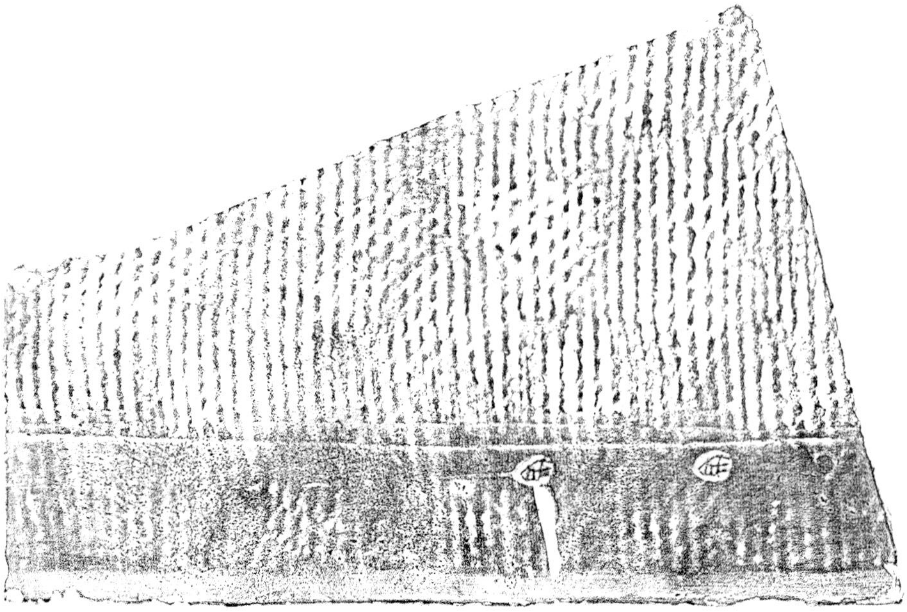

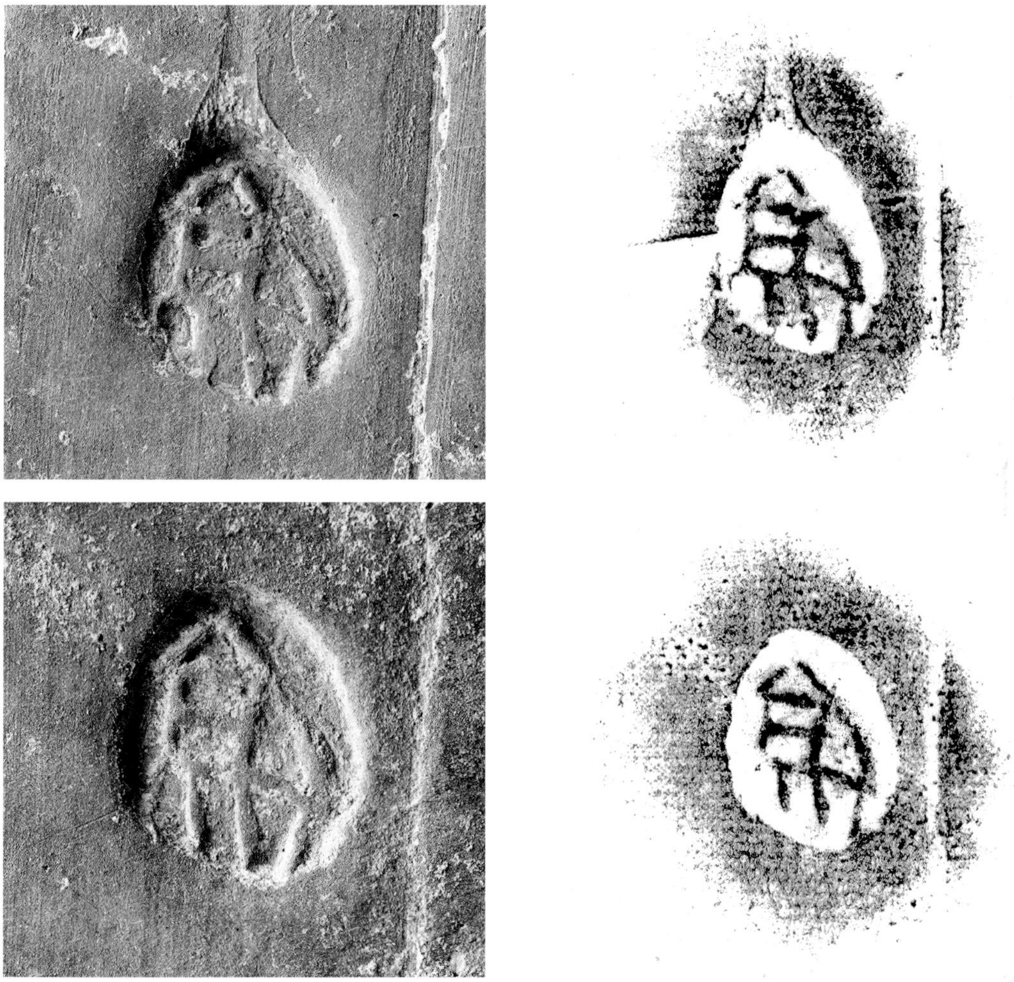

就 TG36B三号台基南⑤：49

长1.4、宽1.1厘米

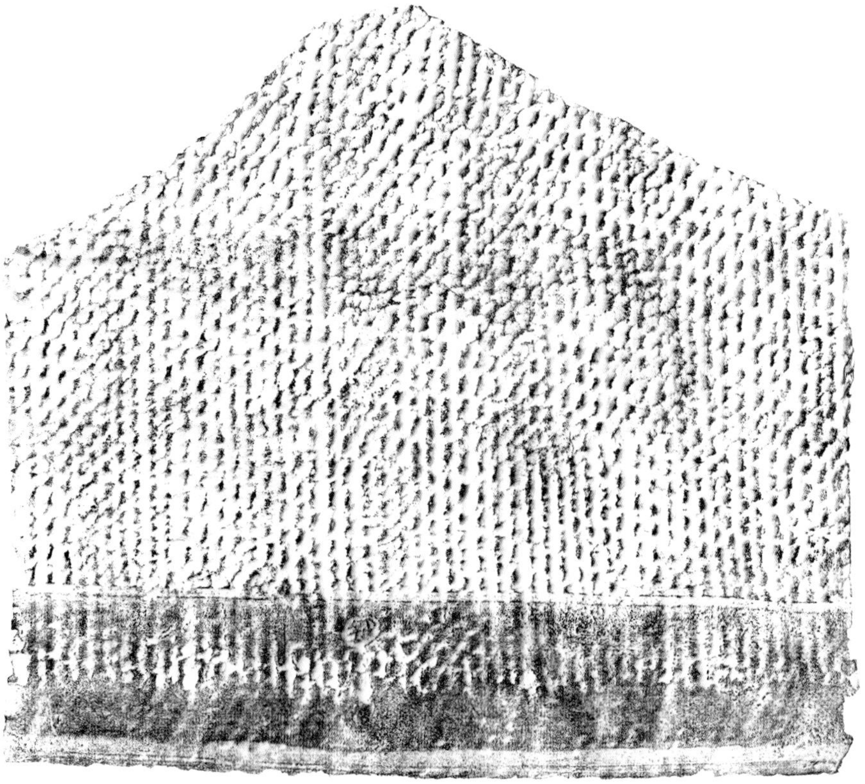

就　TG36B三号台基南⑤：77

残长1.1、残宽1.1厘米

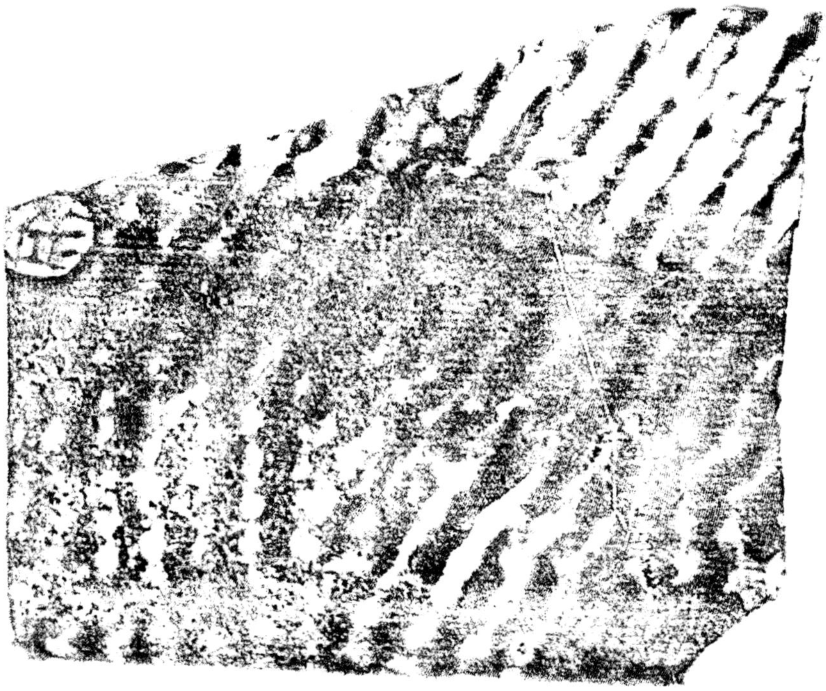

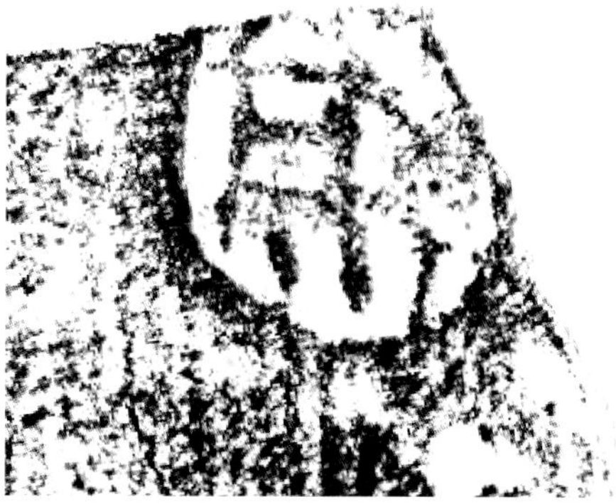

就　TG36B三号台基南⑤：186

长1.4、宽1.1厘米

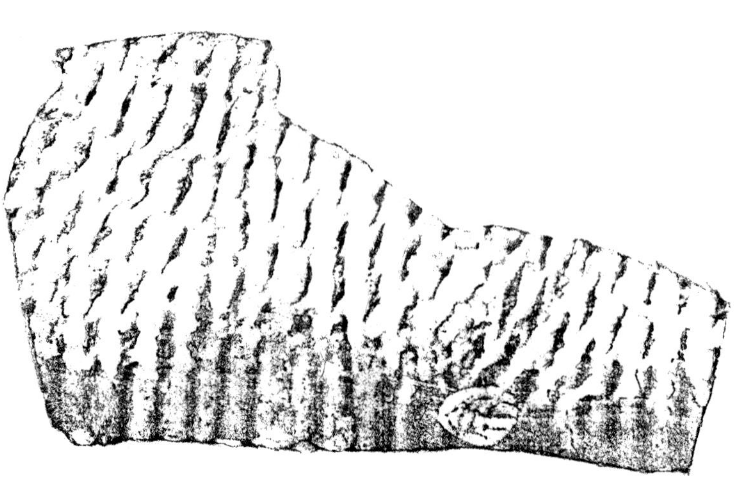

就　TG41⑦：39

长1.6、宽1.3厘米

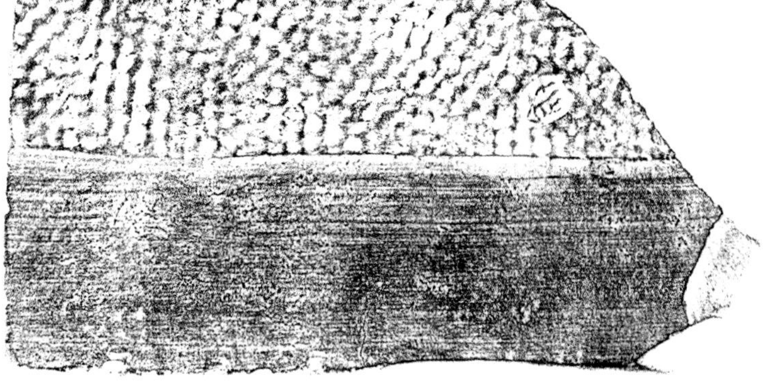

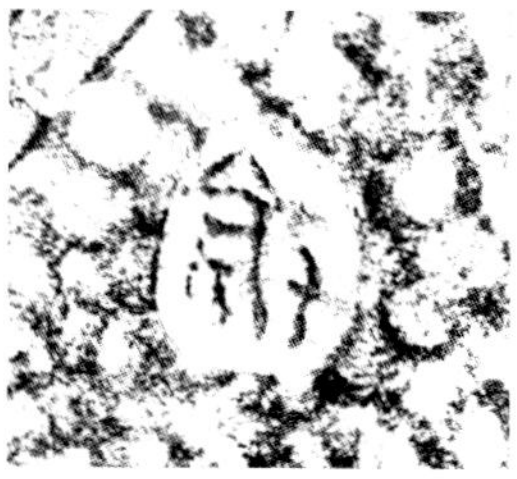

就　TG43廊道⑦：14

长1.4、宽1.1厘米

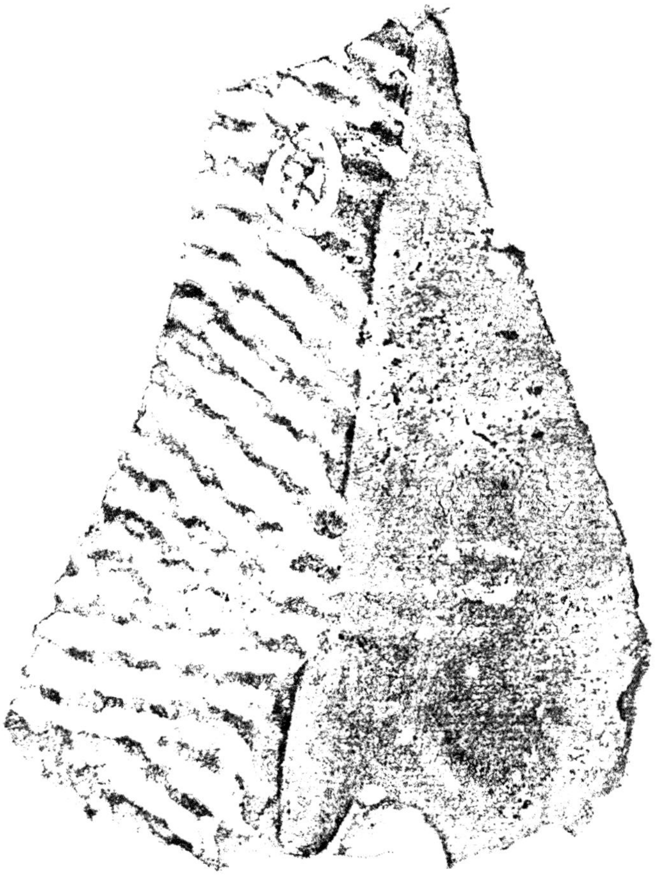

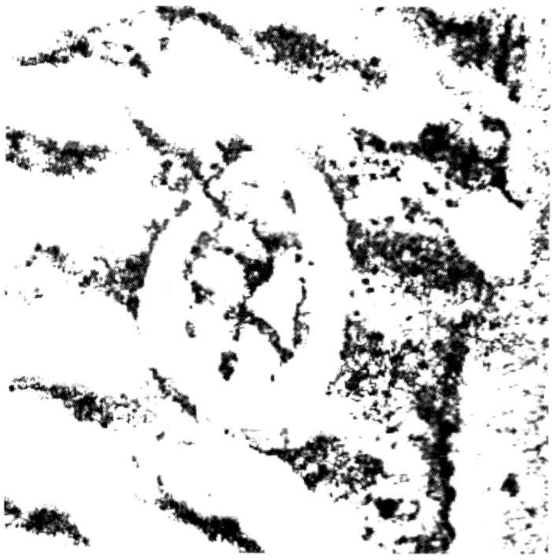

就　TG43三号台基址F2：4

长1.5、宽1.1厘米

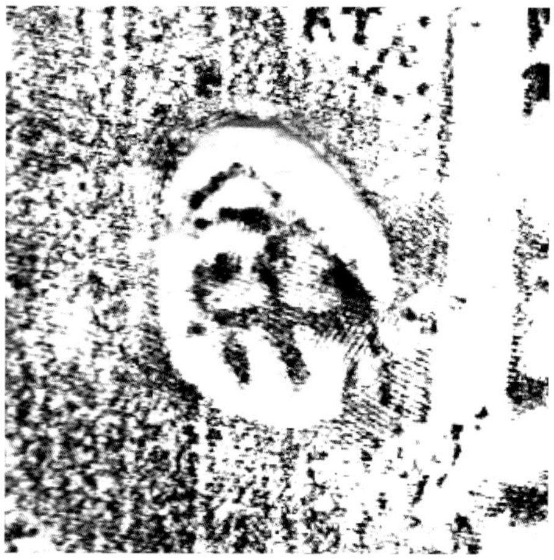

婴　TG40⑦：7

长1.2、宽1.1厘米

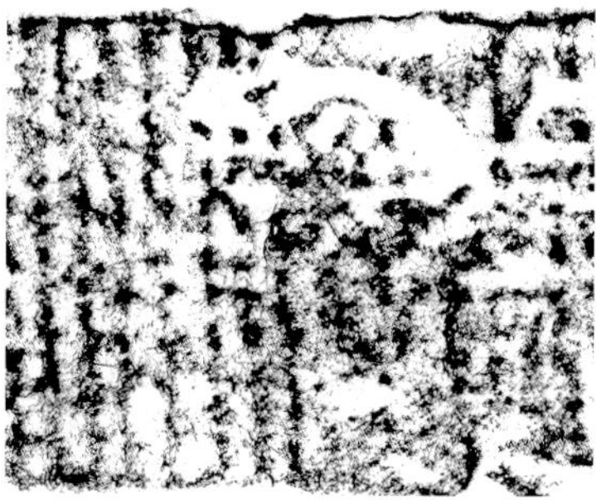

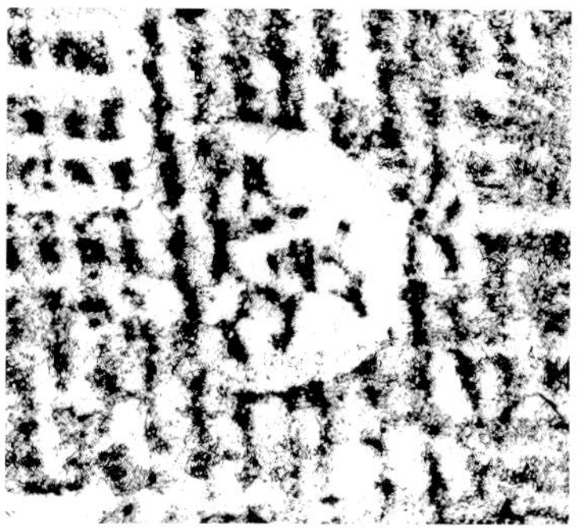

亥　TG11⑤：17

径1.4厘米

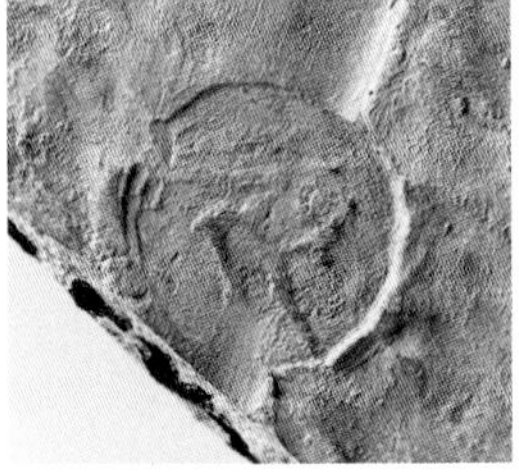

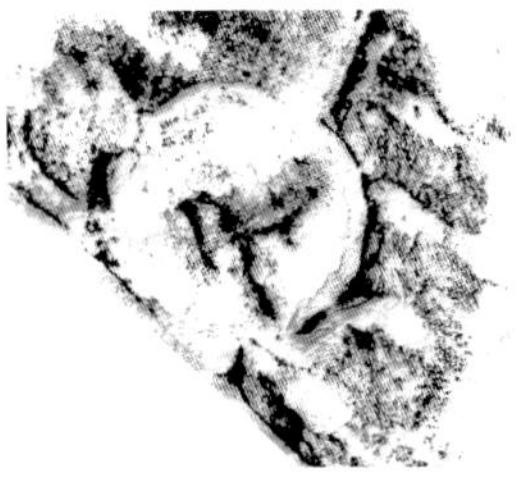

亥　TG36B三号台基南⑤：51

径1.4厘米

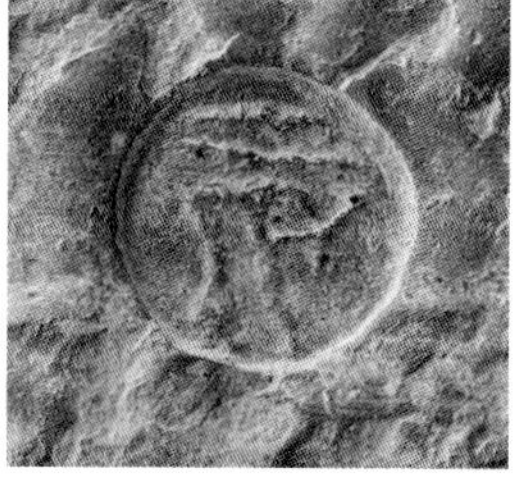

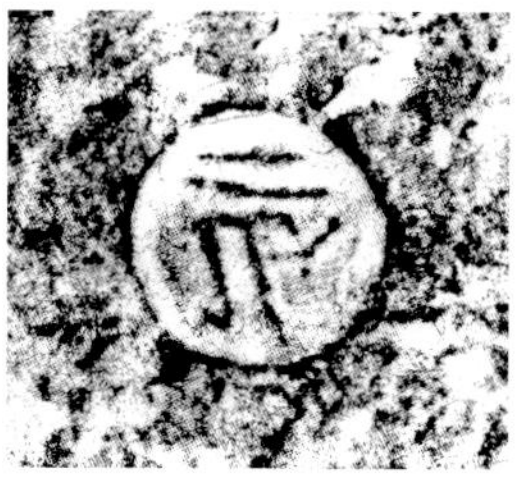

亥　TG36B三号台基南⑤：81

径1.4厘米

亥　TG36B三号台基南⑤：187

径1.4厘米

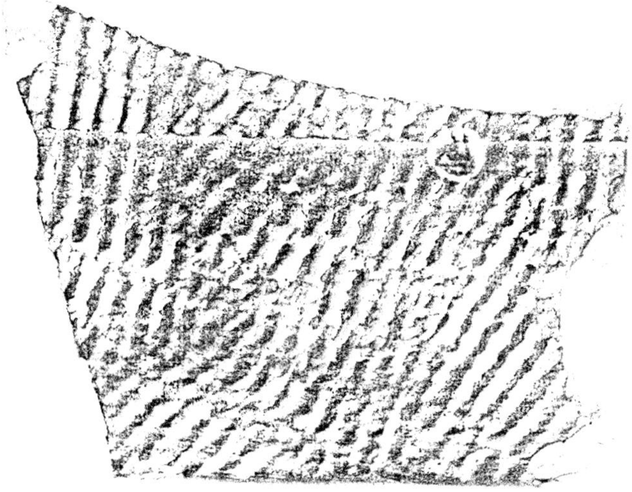

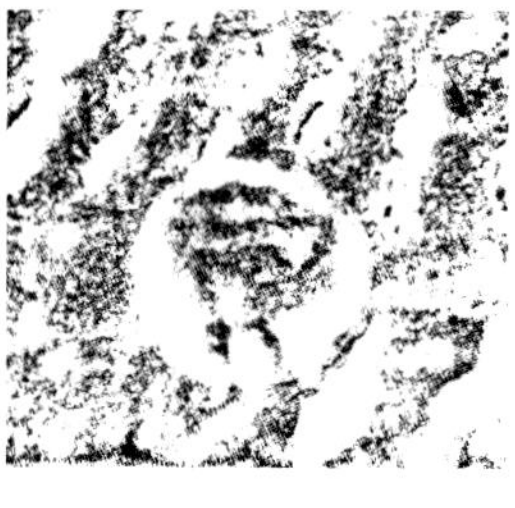

亥　TG41五号台基北墙外：2

径1.4厘米

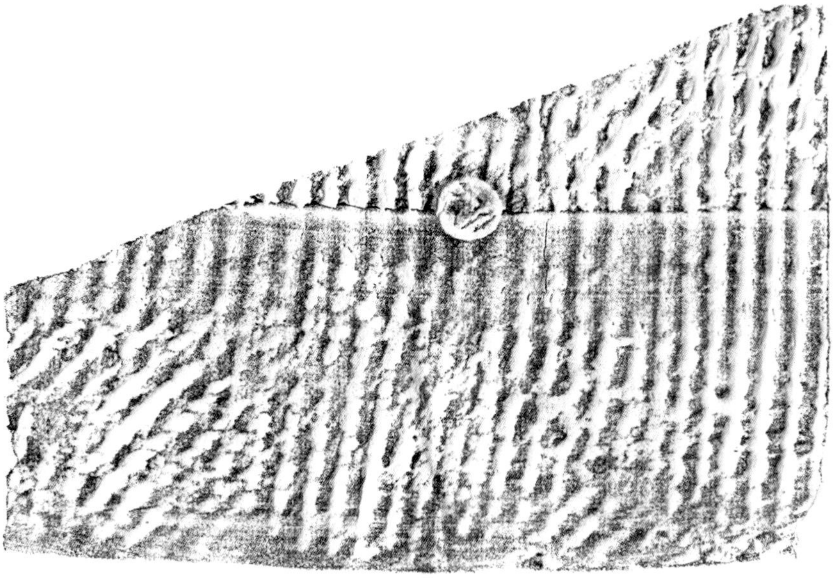

亥　TG43⑦：36

径1.4厘米

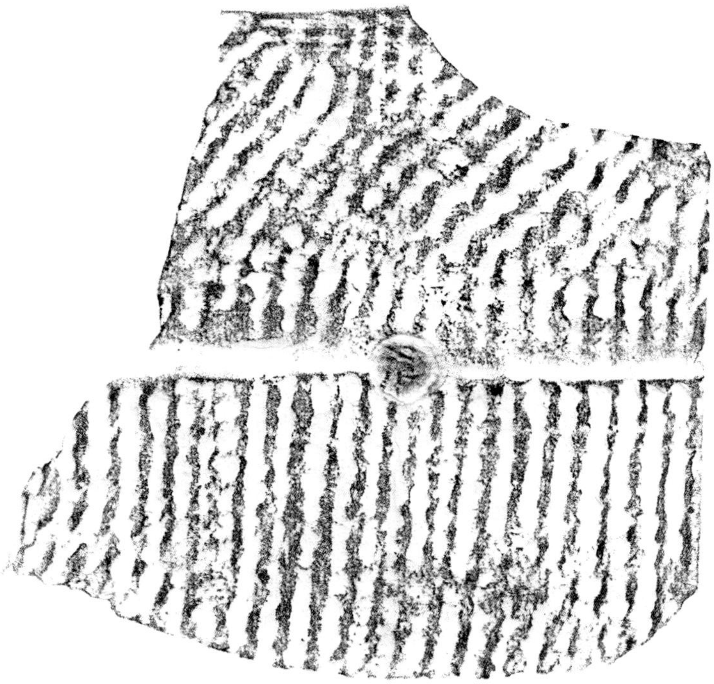

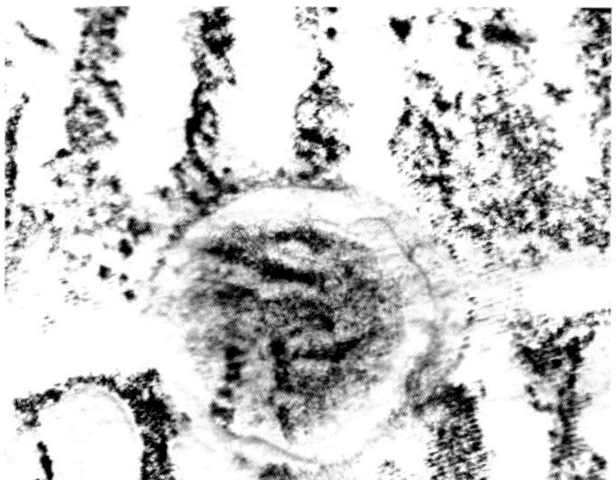

亥 TG43三号台基西⑦：28

径1.4厘米

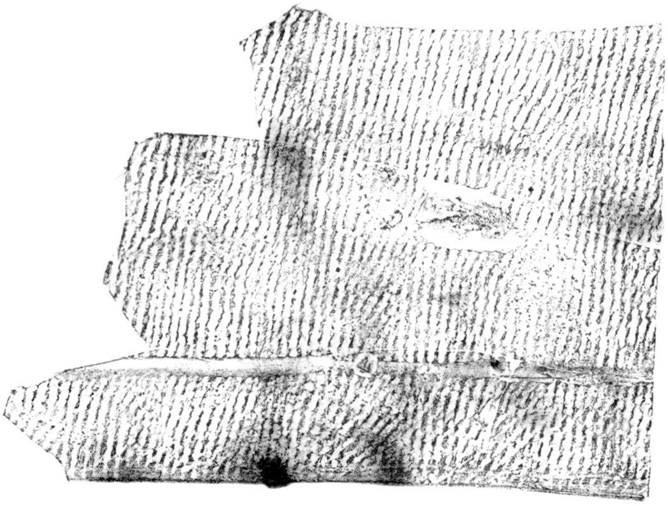

亥　TG43三号台基西⑦：29

径1.4厘米

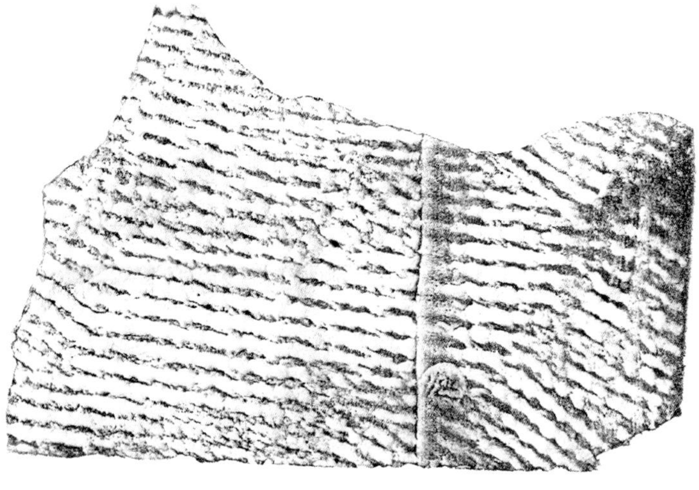

亥　TG43三号台基西⑦：30

长1.5、宽1.3厘米

癸　TG11⑤：26

径1.3厘米

癸　TG13⑥：1

径1.3厘米

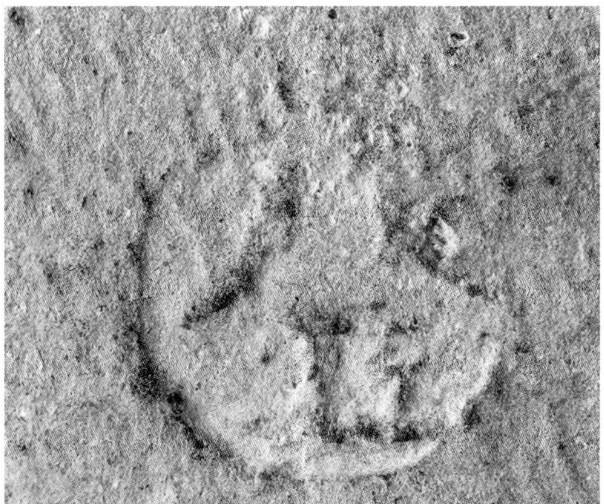

癸　TG36B三号台基南⑤：50

径1.4厘米

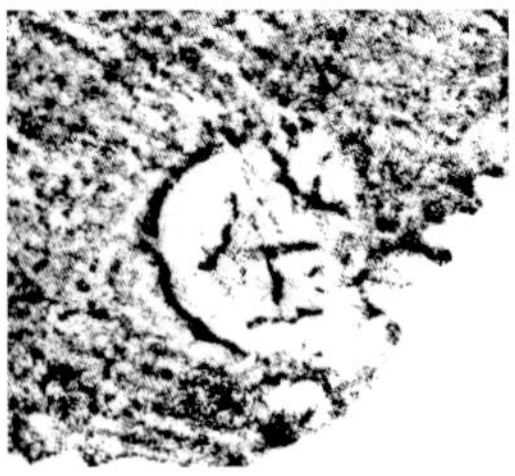

癸　TG36B三号台基南⑤：76

径1.3厘米

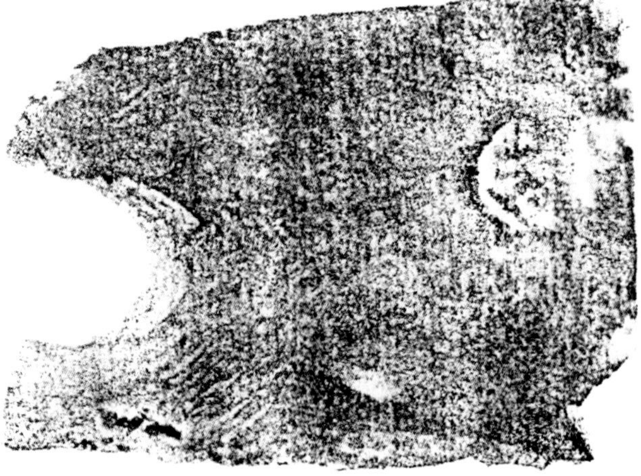

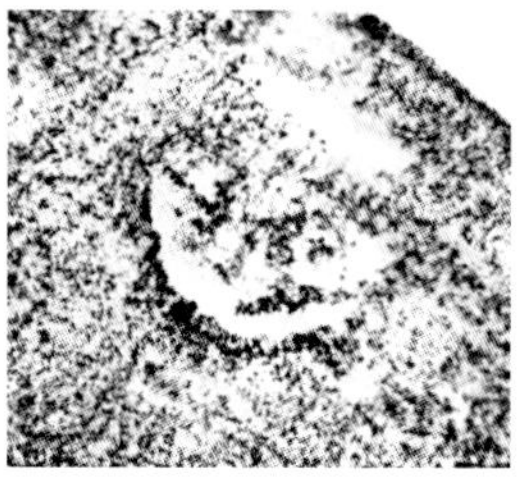

癸　TG43⑦：33

长1.6、宽1.4厘米

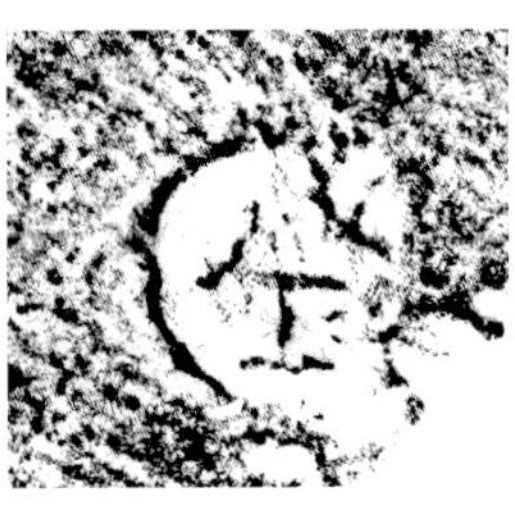

癸　TG43廊道⑦：29

长1.4、宽1.2厘米

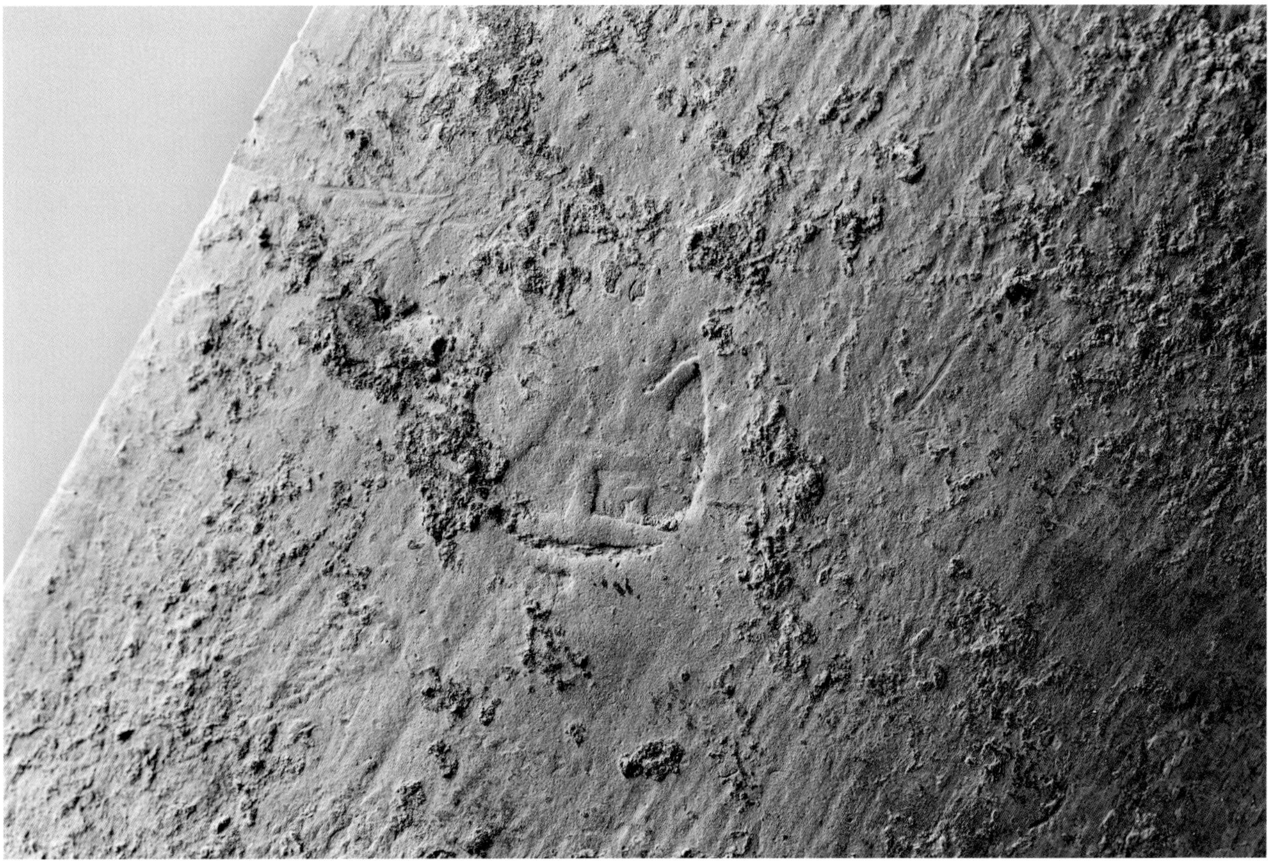

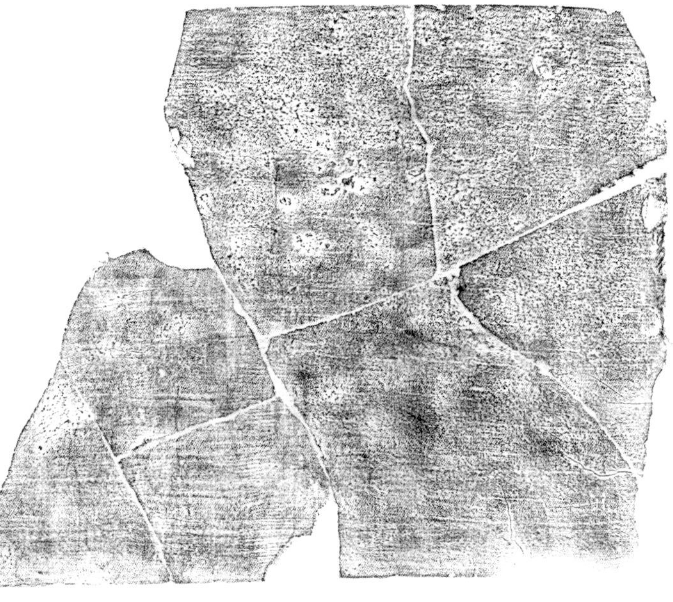

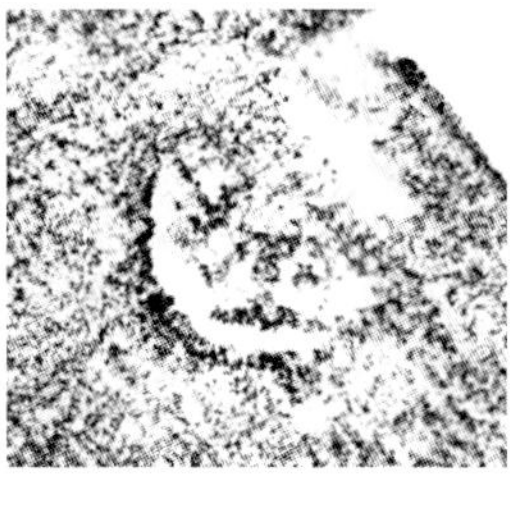

雕　TG36B三号台基南⑤：18

长2.2、宽2厘米

雕　TG36B三号台基南⑤：42

残长2、宽2.1厘米

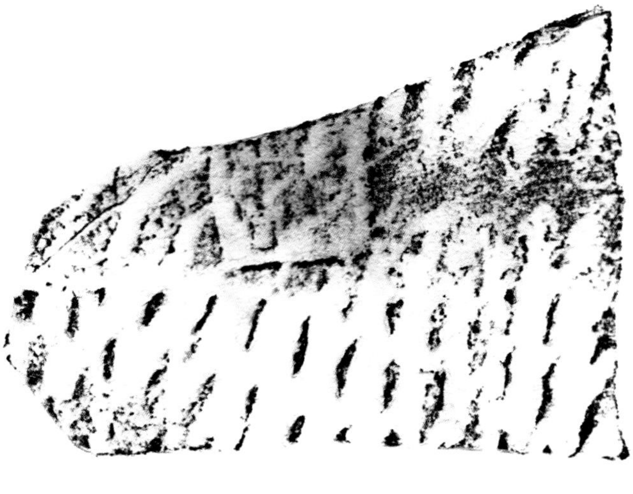

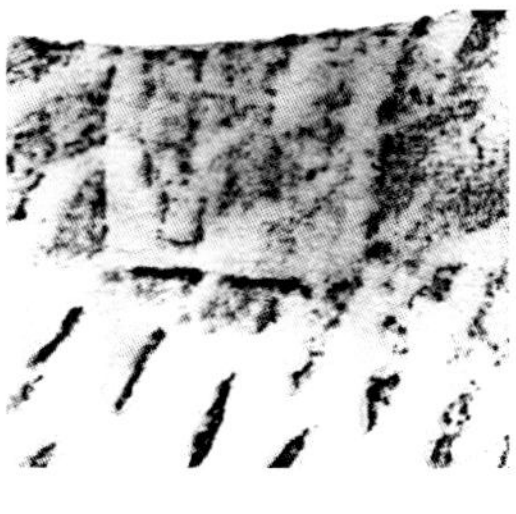

雕　TG36B三号台基南⑤：43

长2.2、宽2厘米

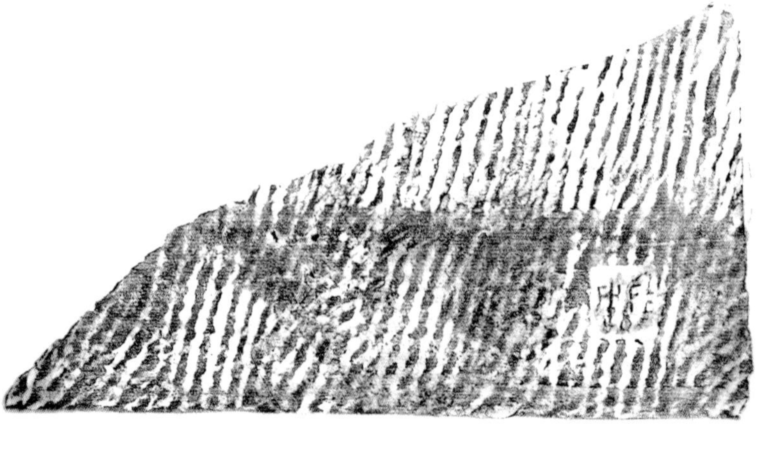

雕　TG36B三号台基南⑤：53

长2.2、宽2厘米

雕　TG36B三号台基南⑤：54

长2.3、宽2.1厘米

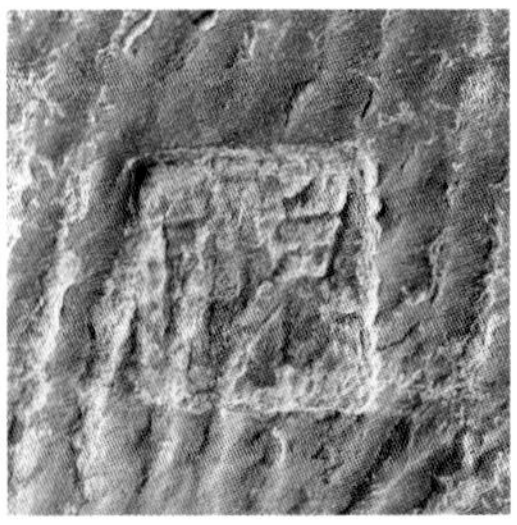

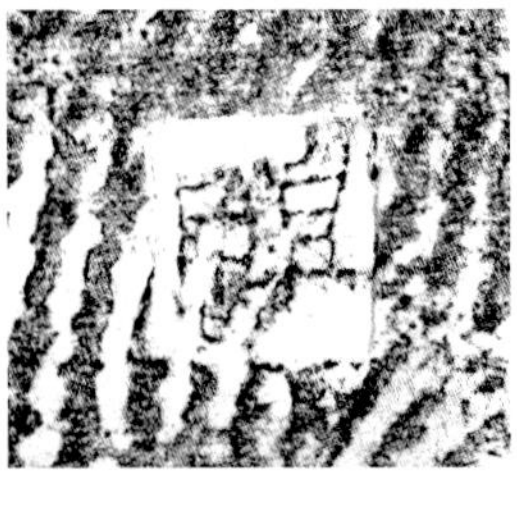

雕　TG36B三号台基南⑤：72

长2.2、宽2.1厘米

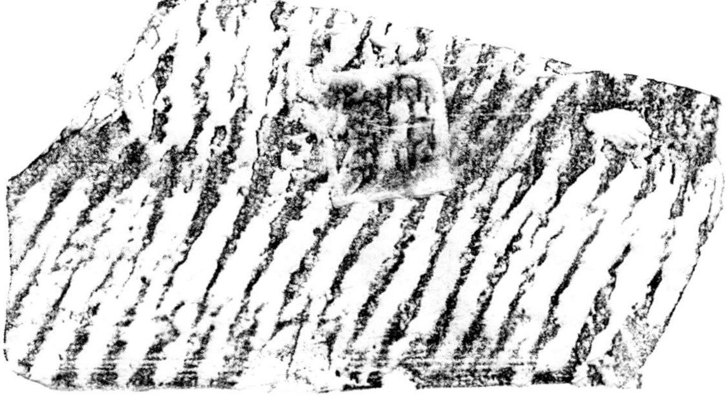

雕　TG36B三号台基南⑤：74

长2.5、宽2.2厘米

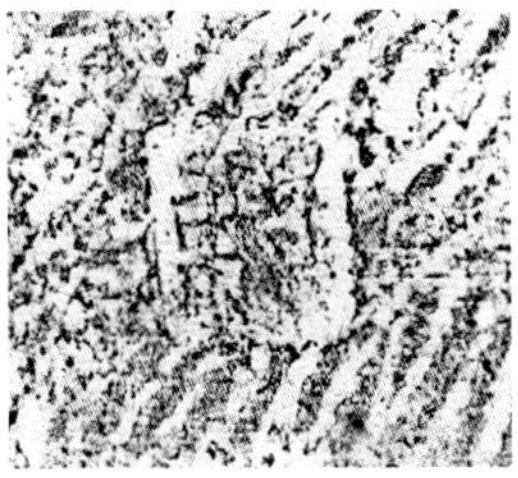

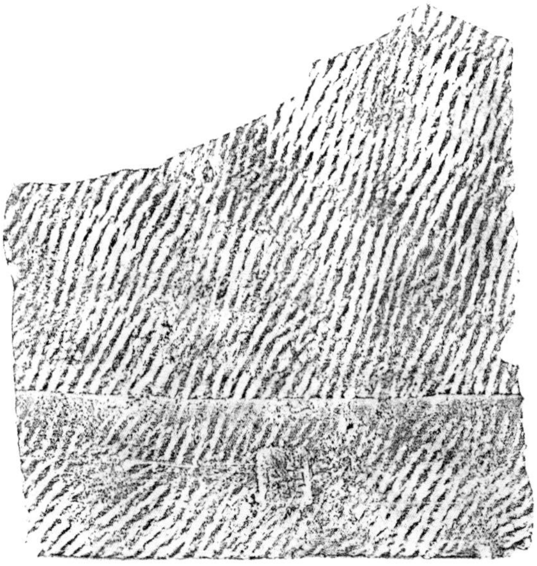

雕　TG36B三号台基南⑤：82

长2.4、宽2.1厘米

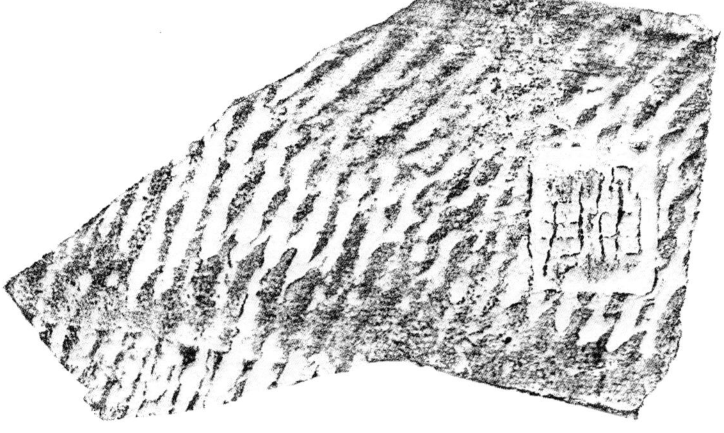

雕　TG43漫道⑦：6

长2.3、宽2厘米

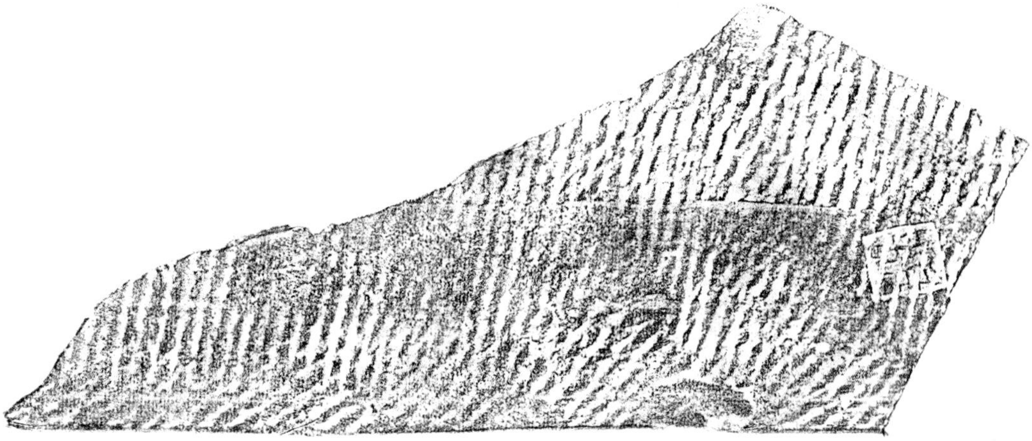

戗　TG36BM47：4

长1.2、宽1.1厘米

戠　TG36B三号台基南⑤：16

长1.5、宽1.2厘米

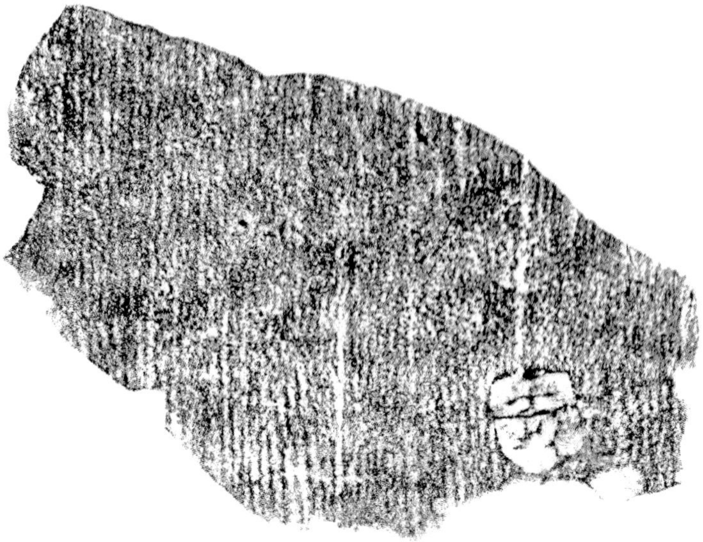

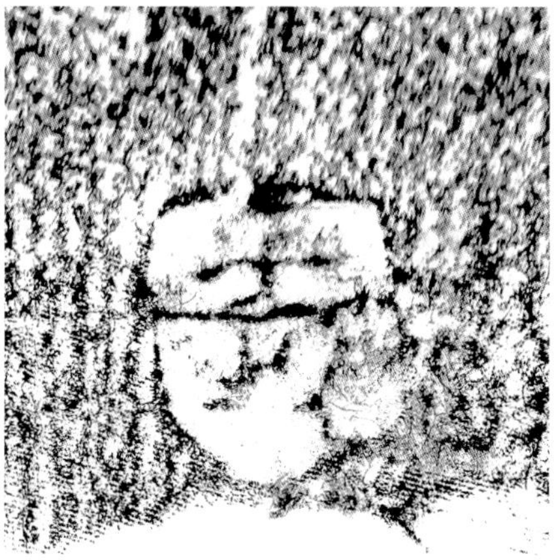

哉　TG36B三号台基南⑤：39

长1.2～1.3、宽1厘米

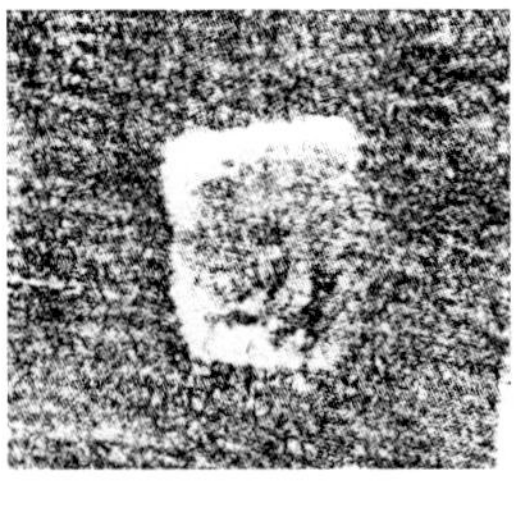

哉　TG36B三号台基南⑤：44

边长1.2厘米

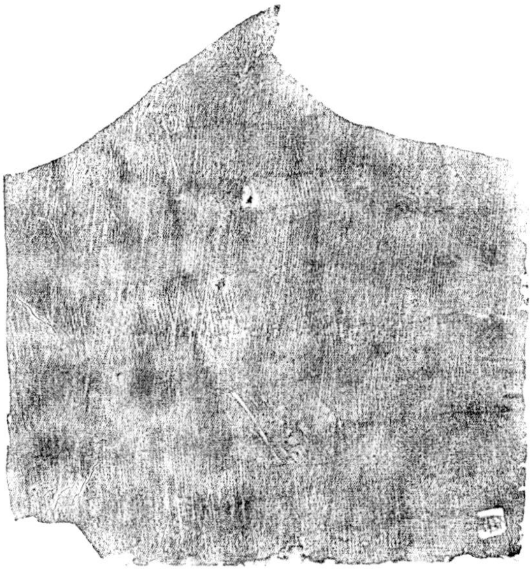

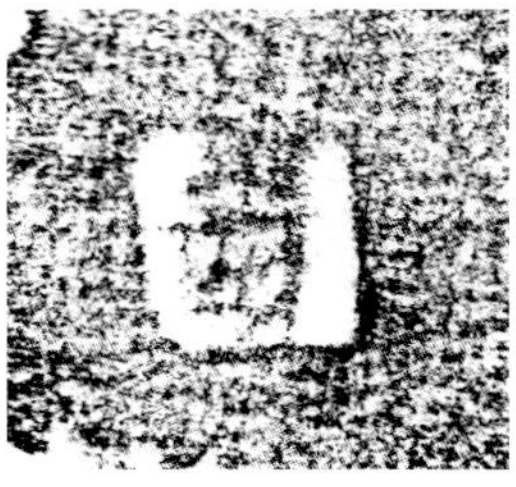

哉　TG36B三号台基南⑤：52

长1.3、宽1.1厘米

哉　TG36B三号台基南⑤：73

长1.2、宽1.1厘米

戠 TG36B三号台基南⑤：75

长1.2、宽1.1厘米

戠　TG36B三号台基南⑤：83

长1.2、宽1.1厘米

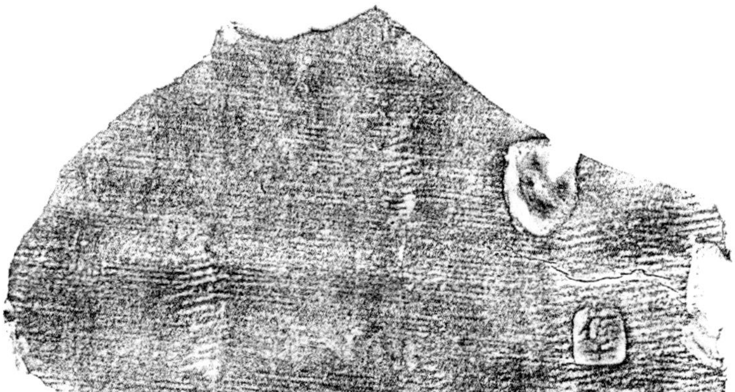

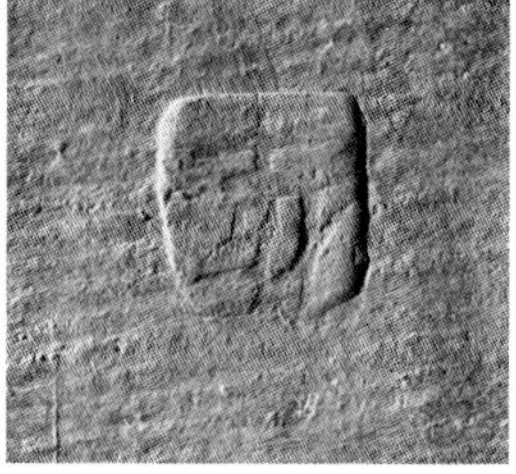

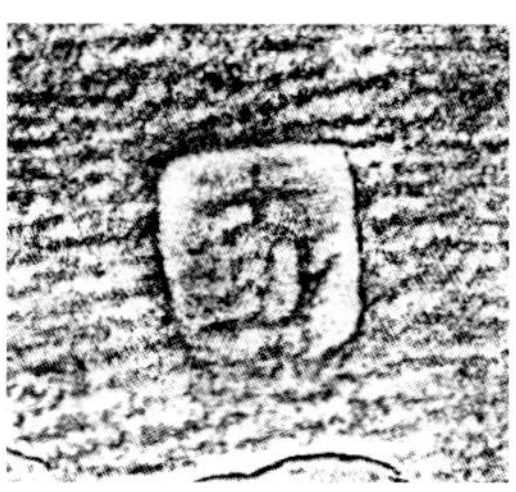

戠　TG36B三号台基南⑤：84

长1.2、宽1.1厘米

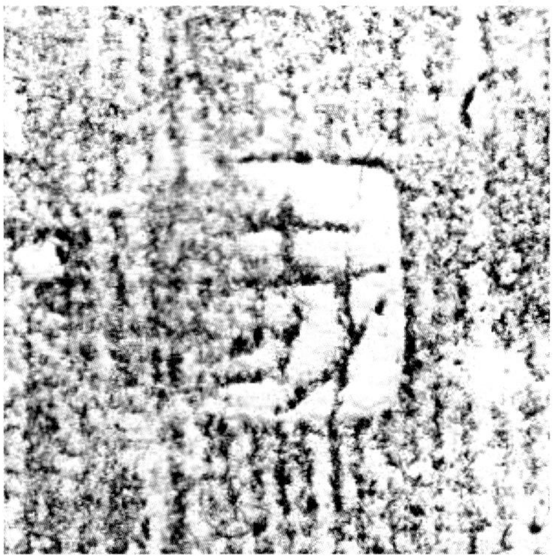

哉　TG36B三号台基南⑤：85

长1.2、宽1～1.1厘米

戠　TG36B三号台基南⑤：86

边长1.2厘米

戠　TG36B三号台基南⑤：171

长1.2、宽1.1厘米

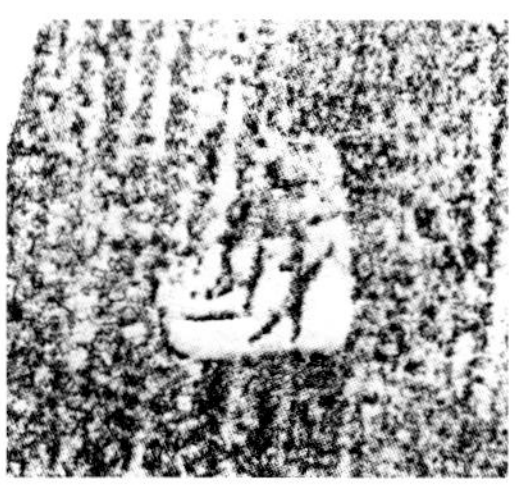

戠　TG43三号台基F2：8

边长1.1厘米

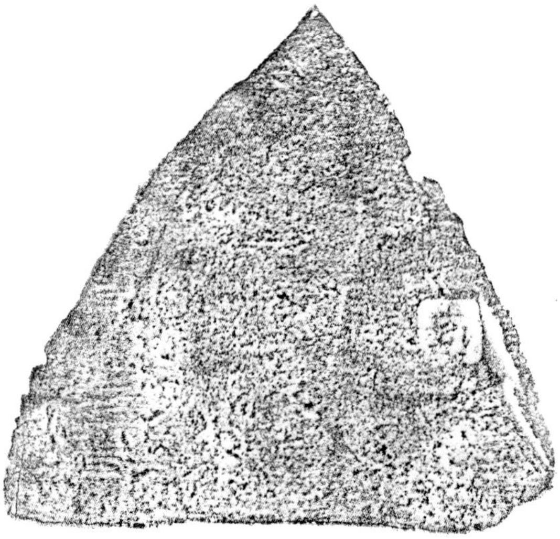

哉　TG43三号台基西⑦：31

长1.2、宽1厘米

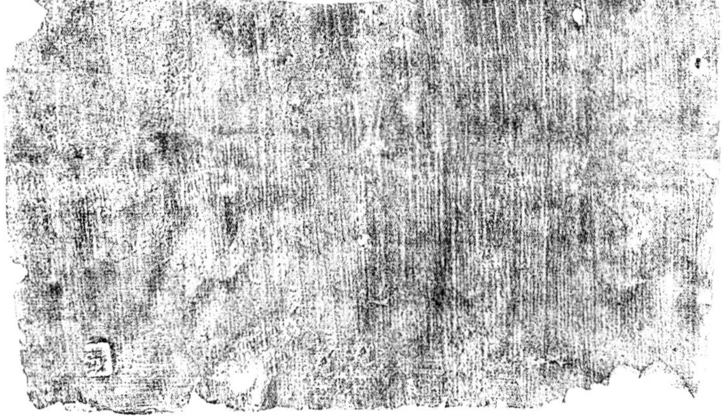

戠　TG43⑦：38

长1.2、宽1厘米

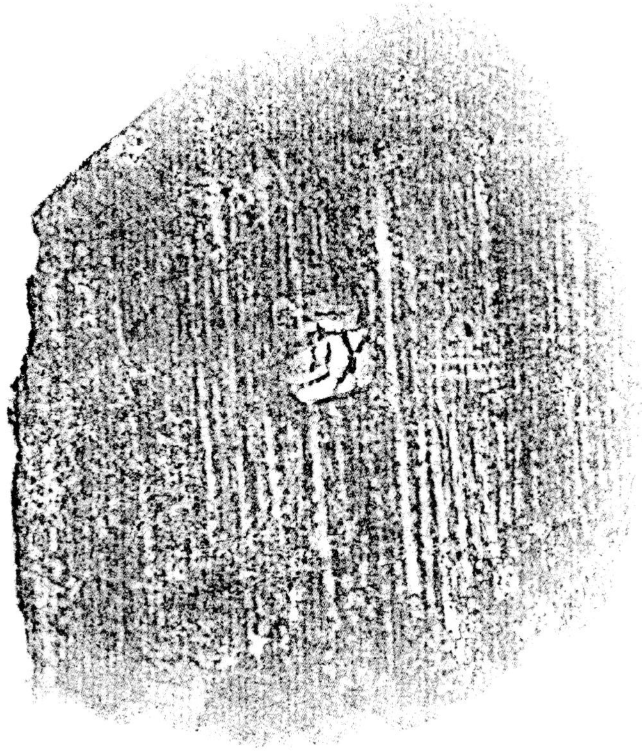

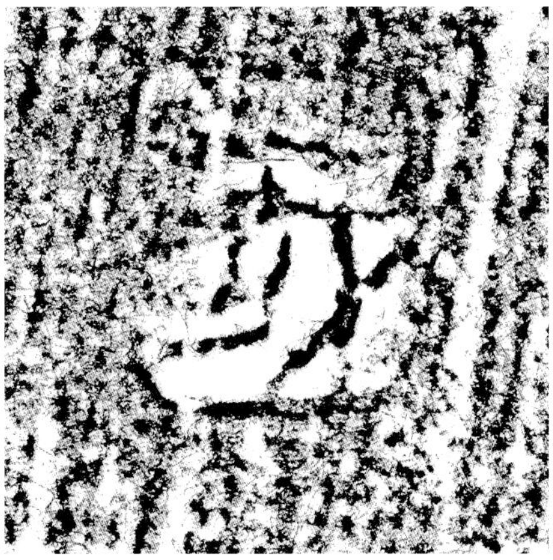

戠　TG41五号台基南墙外：10

长1.4、宽1.2厘米

猪　TG11⑤：16

长1.5、宽1.3厘米

猪　TG11⑤：18

长 1.5、宽 1.2 厘米

猪　TG11⑤：19

长 1.7、宽 1.1 厘米

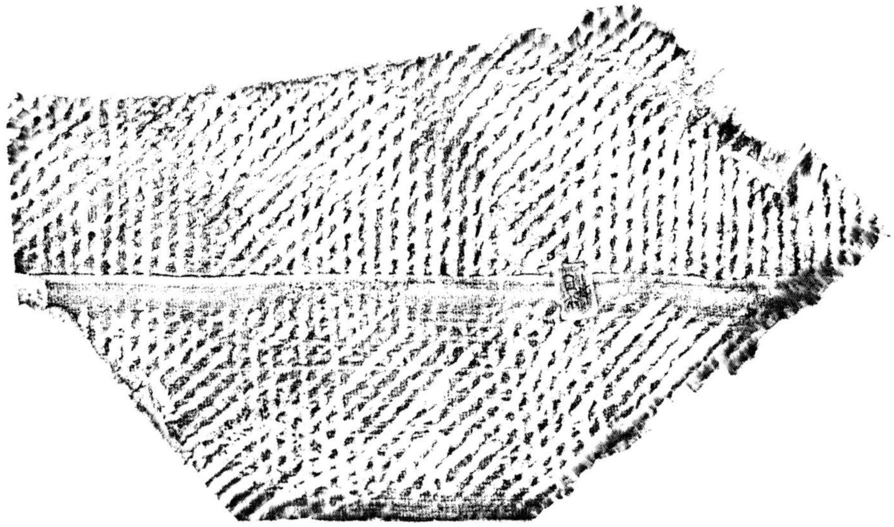

猪　TG11⑤：25

残长1.4、宽1.3～1.4厘米

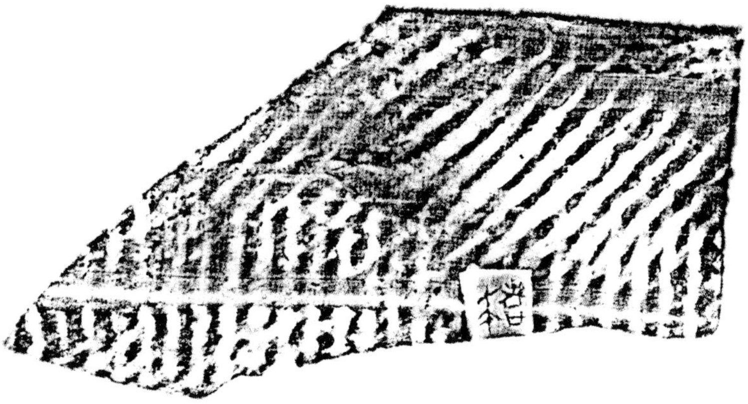

猪　TG11⑤：27

长1.5、宽1.3厘米

猪　TG36B三号台基南⑤：255

长1.4、宽1.1厘米

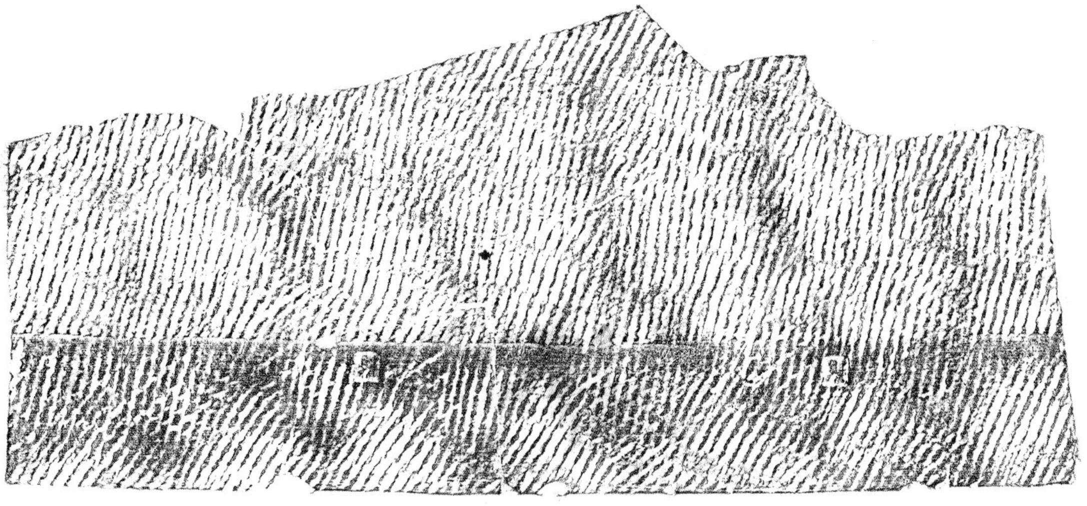

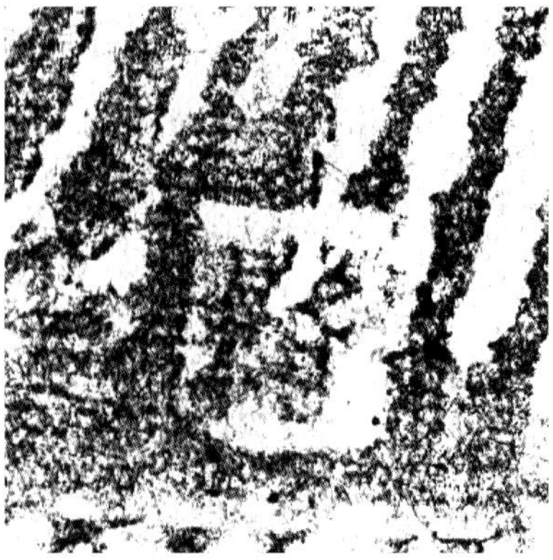

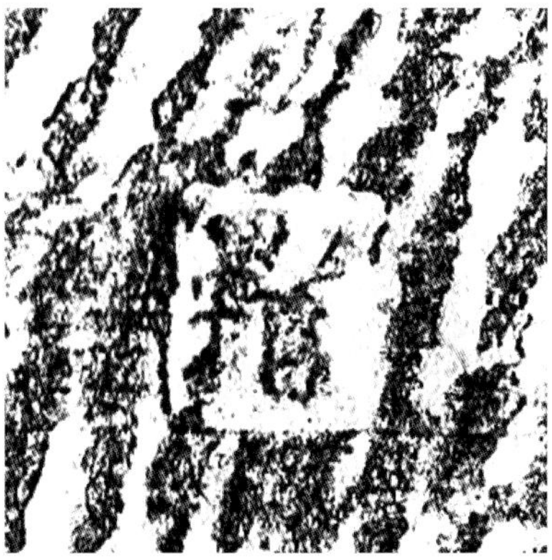

猪　TG36B三号台基南⑤：256

长1.4、宽1.1厘米

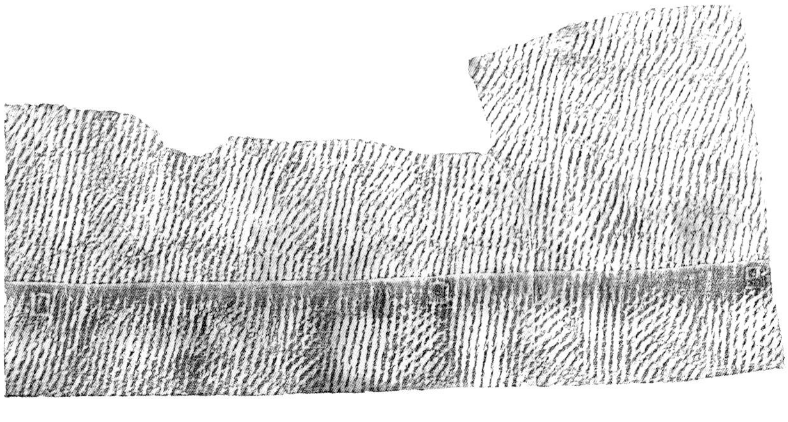

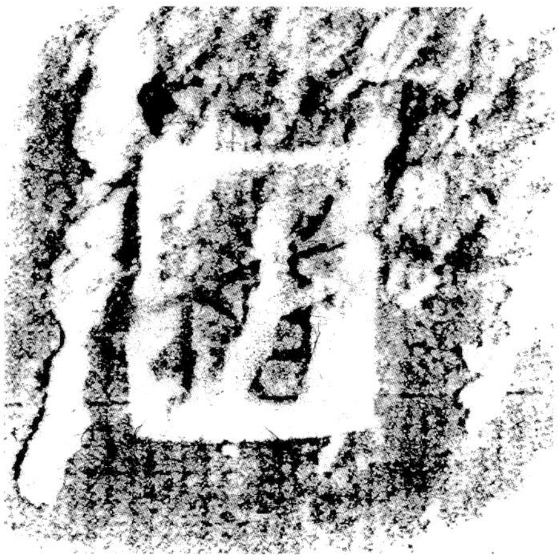

猪　TG41五号台基F2：1

长1.5、宽1.2厘米

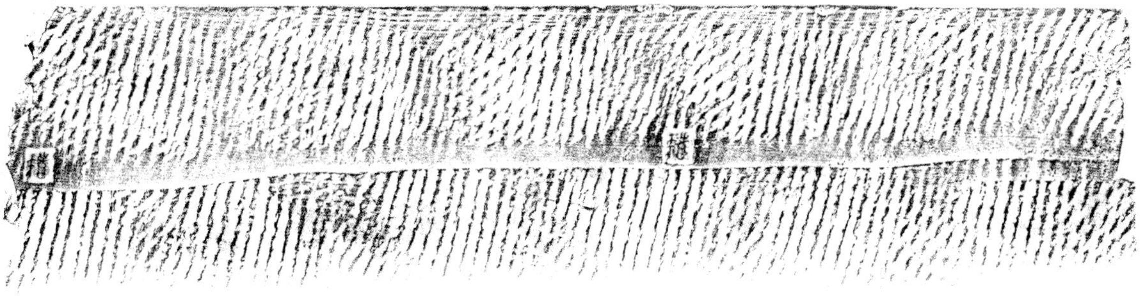

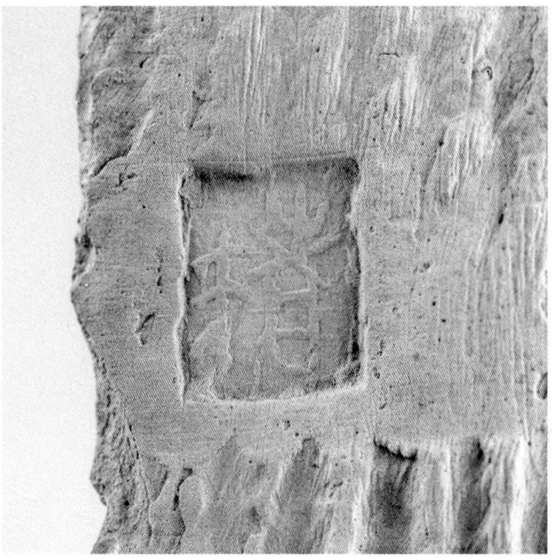

猪　TG43三号台基F2：3

长1.4、宽1.2厘米

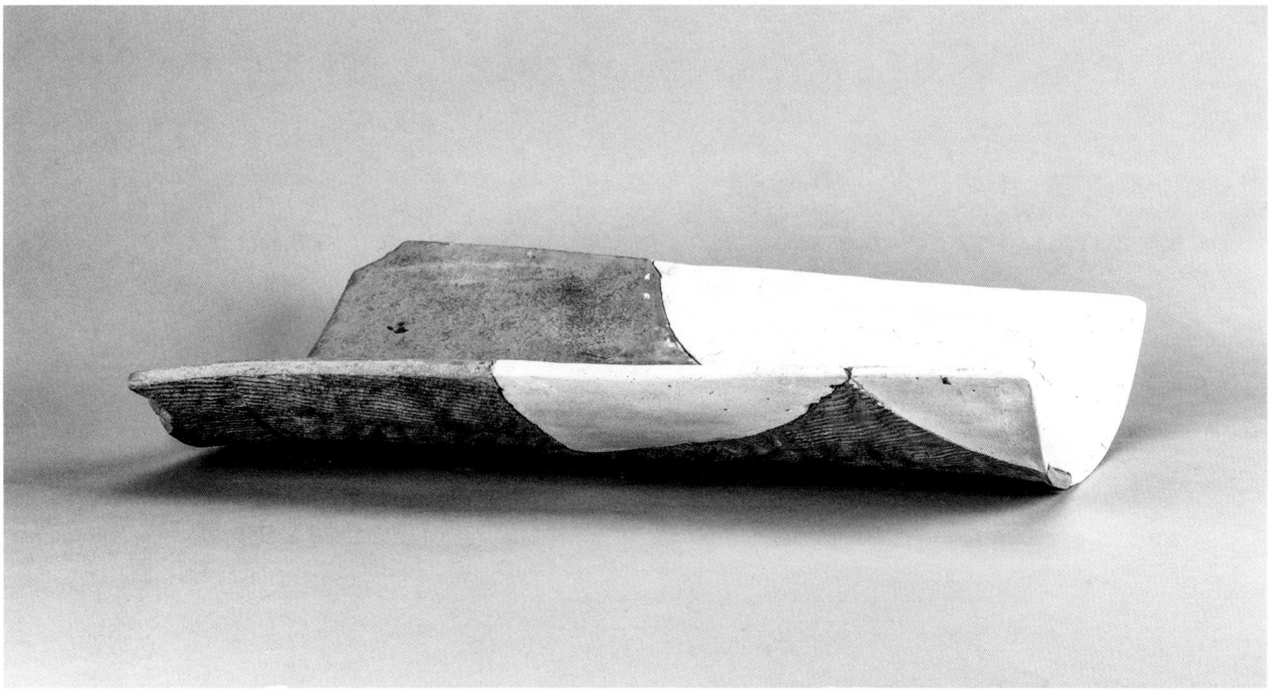

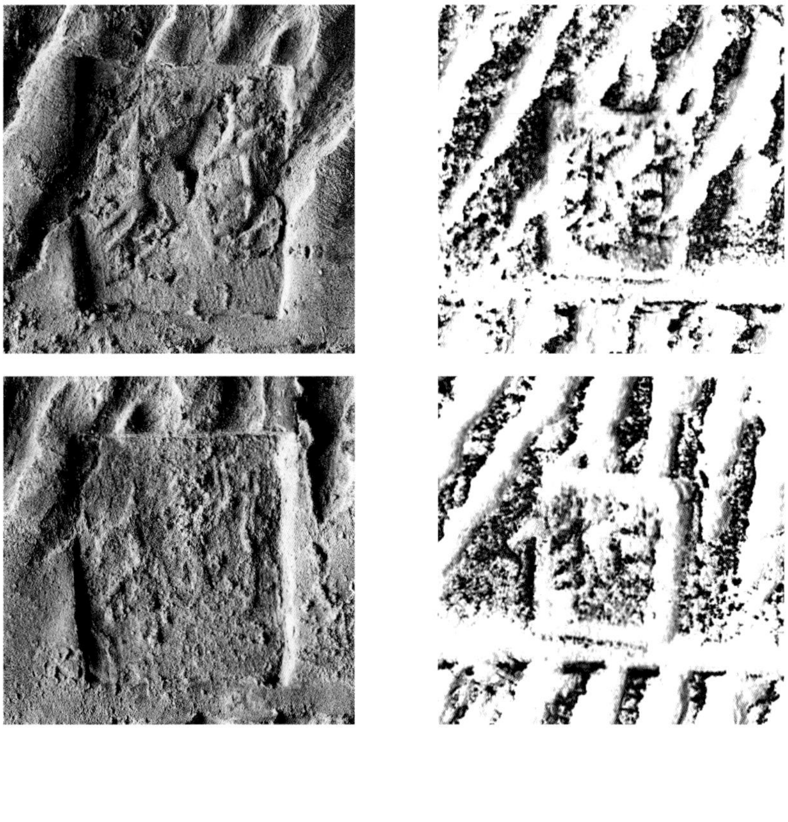

猪　TG43廊道⑦：13

长1.5、宽1.2～1.3厘米

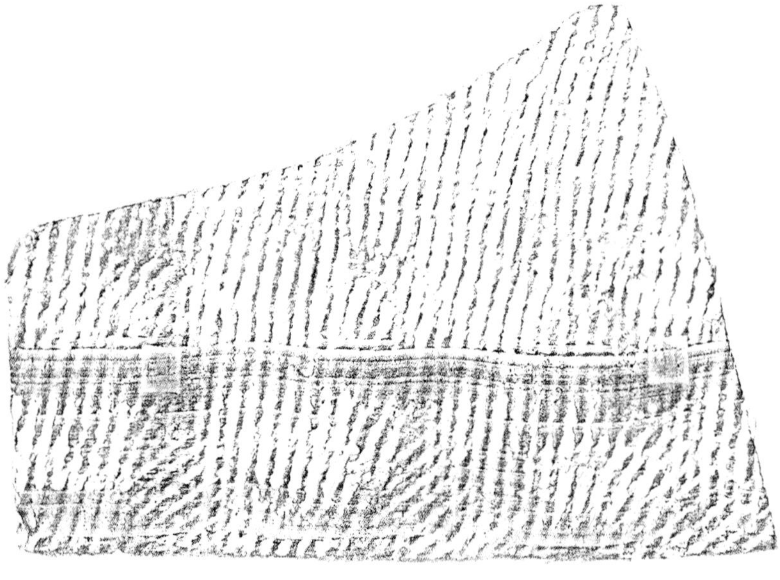

冉　TG11⑤：48

长1.9、宽1.4厘米

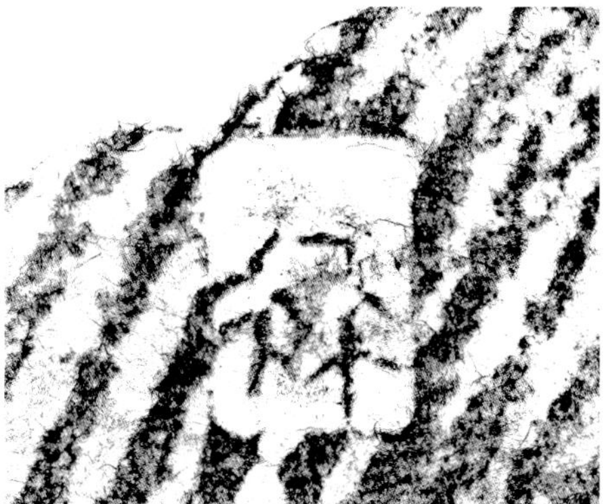

冉　TG36B三号台基南⑤：17

残长1.6、宽1.4厘米

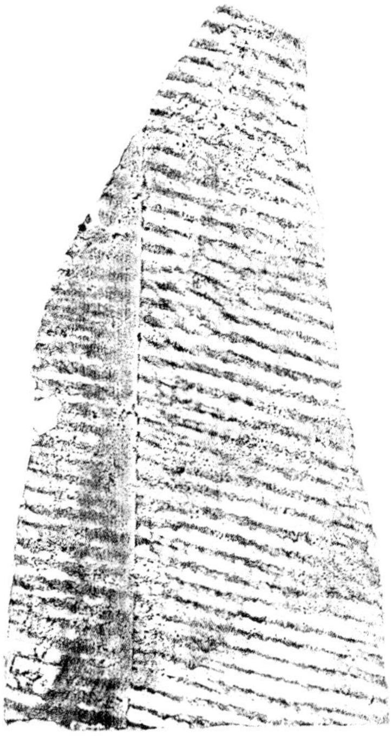

冉　TG36B三号台基南⑤：20

长2、宽1.3厘米

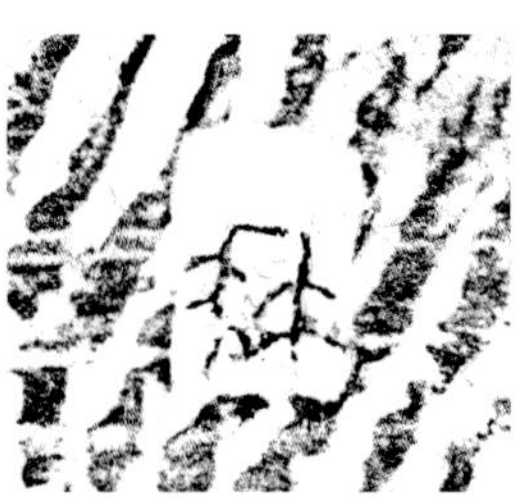

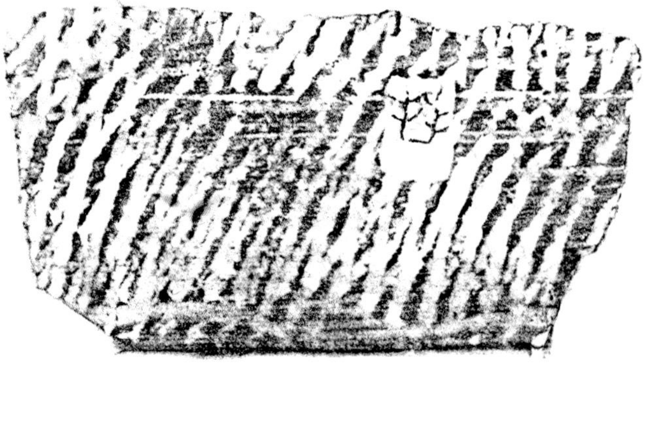

冉　TG36B三号台基南⑤：21

长2.1、宽1.3～1.4厘米

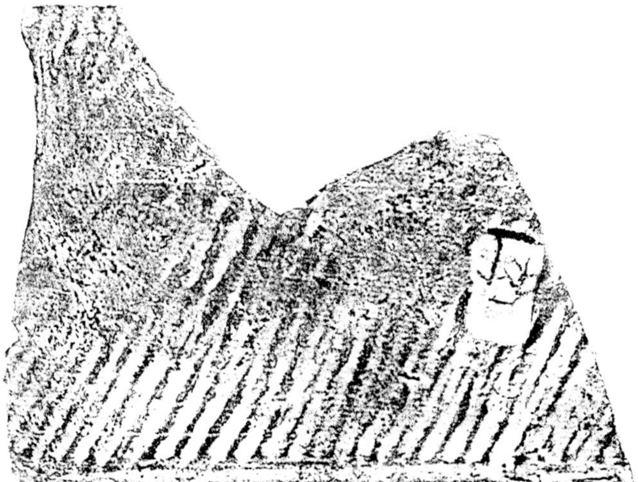

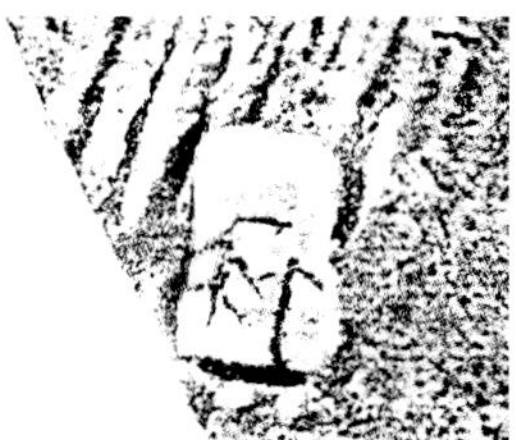

冉　TG36B三号台基南⑤：22

长2、宽1.3～1.4厘米

冉　TG36B三号台基南⑤：40

长2、宽1.3厘米

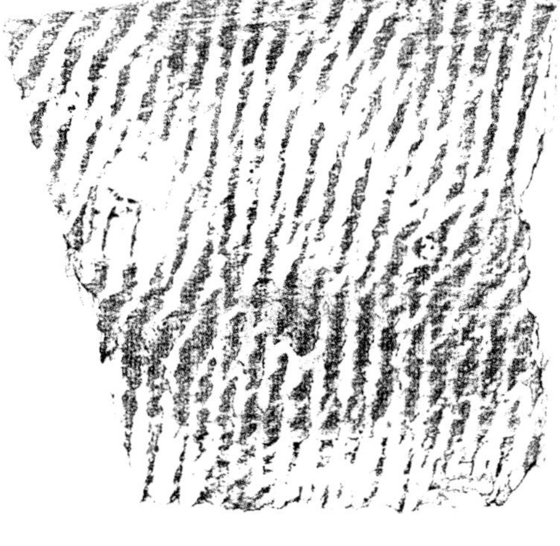

冉　TG36B三号台基南⑤：78

长1.5、宽1.3厘米

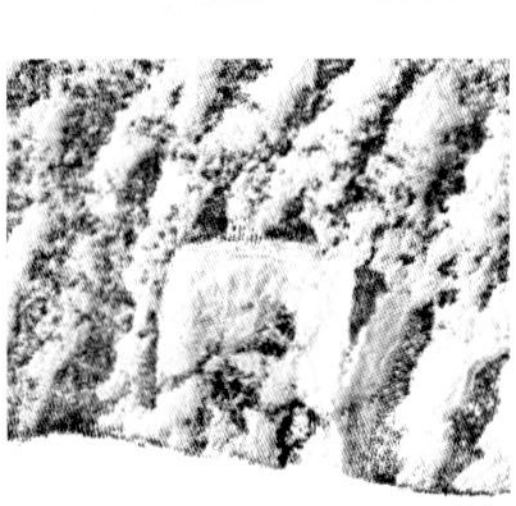

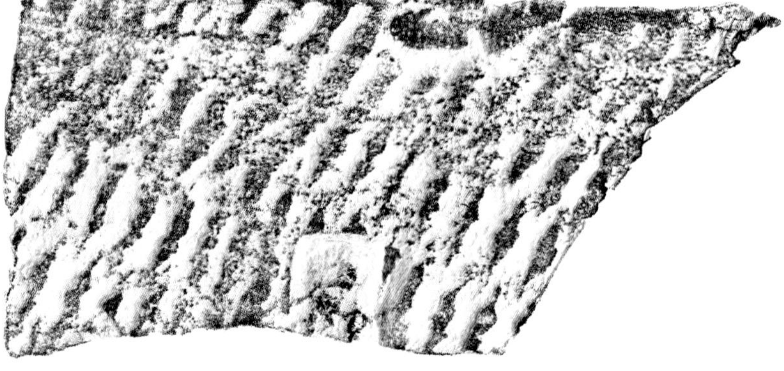

冉　TG36B三号台基南⑤：183

长2.1、宽1.3～1.4厘米

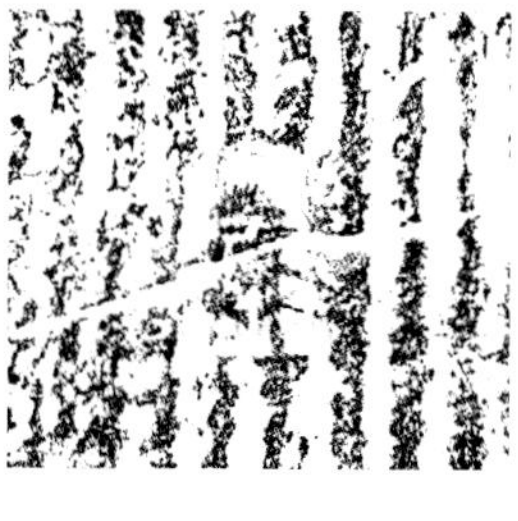

冉　TG36B三号台基南⑤：185

长2、宽1.5厘米

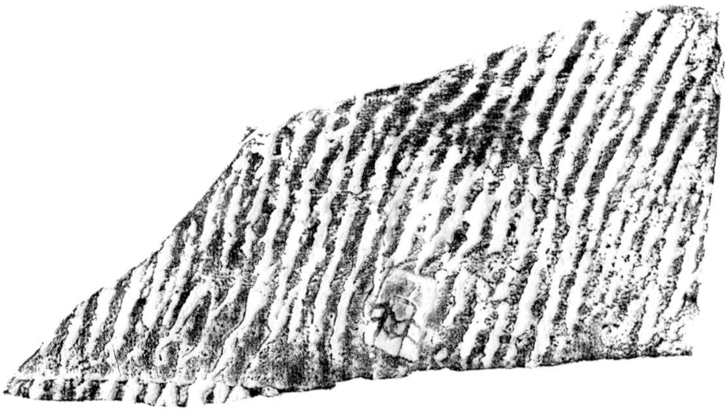

冉　TG41F4a：1

长1.9、宽1.3厘米

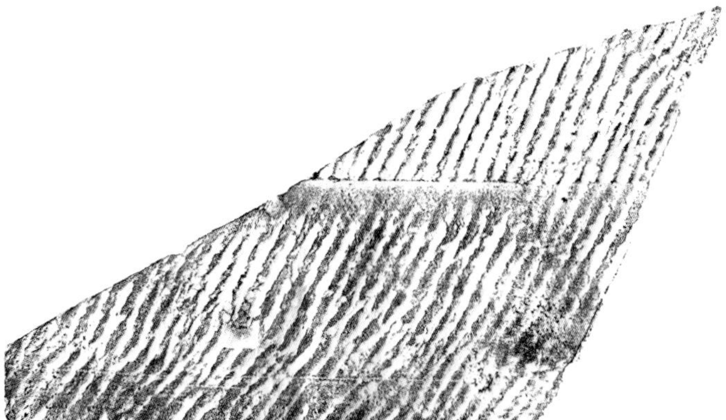

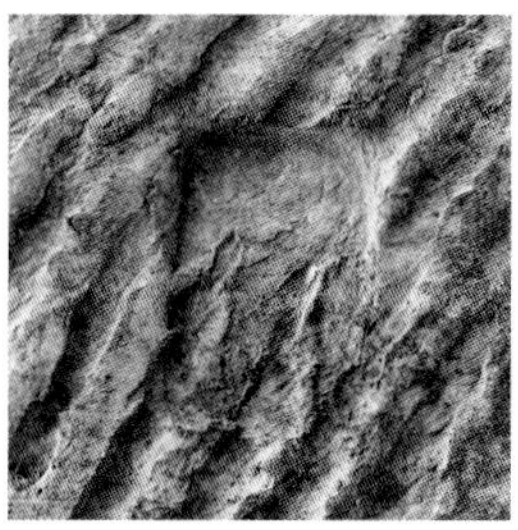

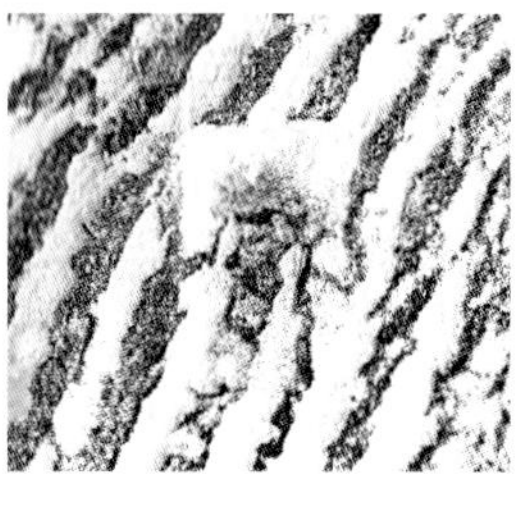

冉　TG43廊道⑦：15

长2.1、宽1.4厘米

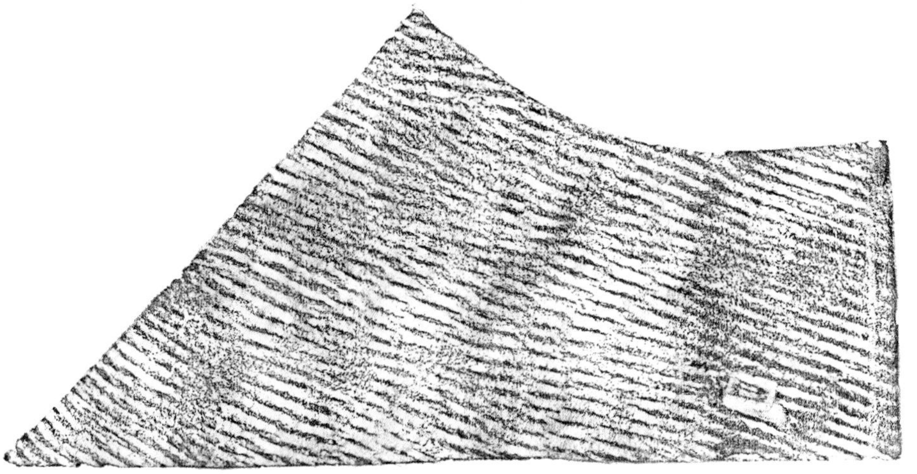

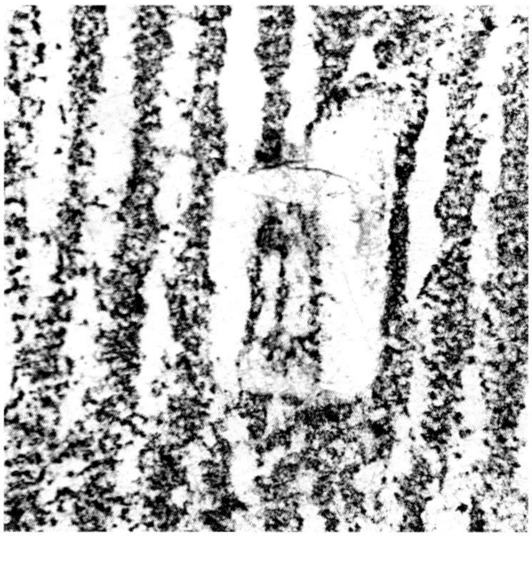

冉　TG40⑦：34

边长1.2厘米

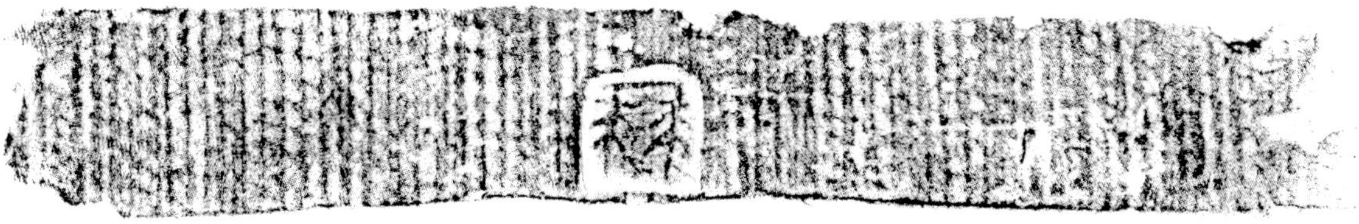

冉　TG36B三号台基南⑤：188

长2、宽1.5厘米

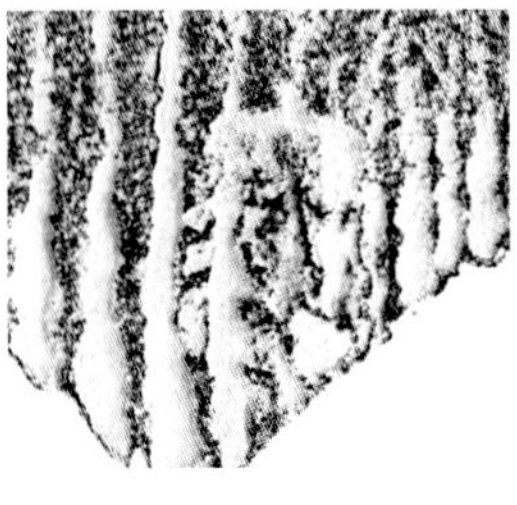

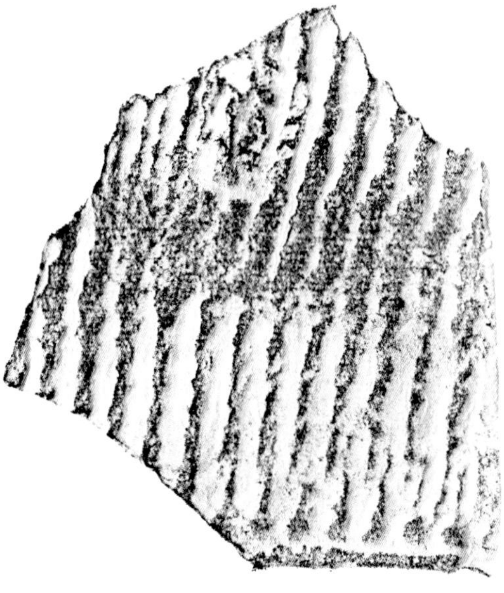

它　TG46⑥：13

边长1厘米

安 TTG34H97②：4

长1.7、宽1.5厘米

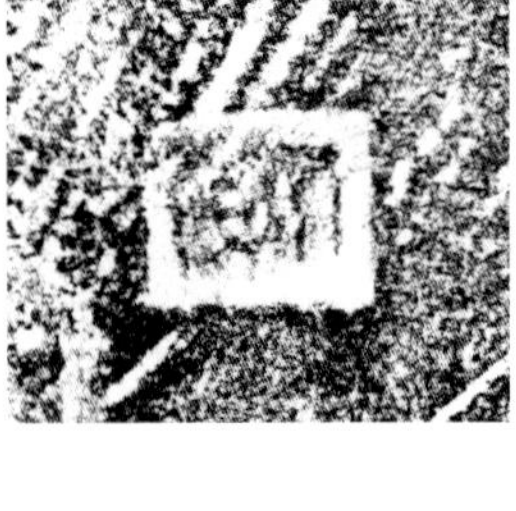

图　TG36B三号台基南⑤：80

长1、宽0.8厘米

圈　TG36B三号台基南⑤：33

边长1.2厘米

茭　TG46⑥：14

长1.3、宽1.1厘米

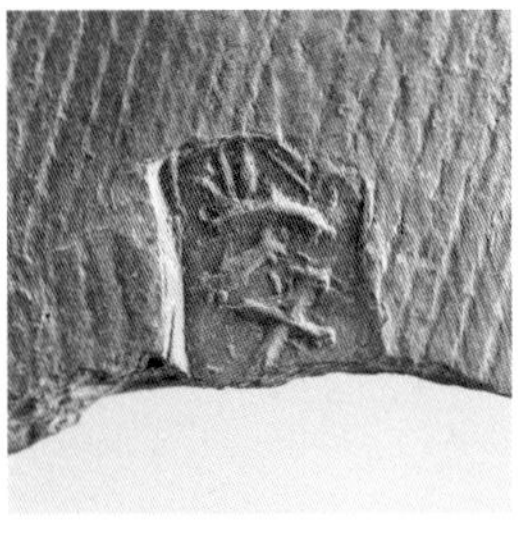

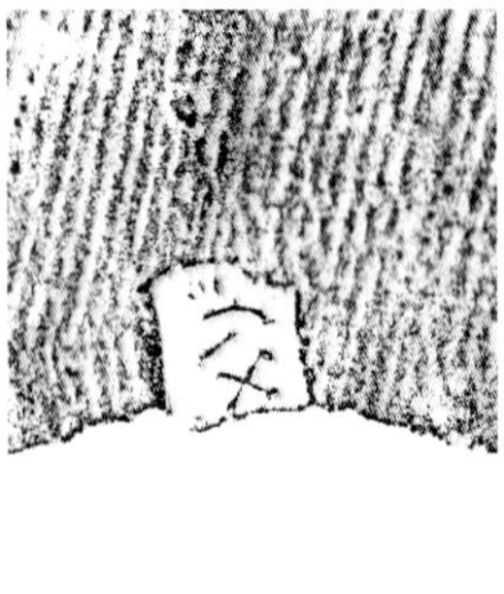

茭　TG41⑦：20

长1.5、宽1厘米

利　TG36B三号台基南⑤：15

长1.3、宽1.2厘米

利　TG36B三号台基南⑤：170

长1.4、宽1.2厘米

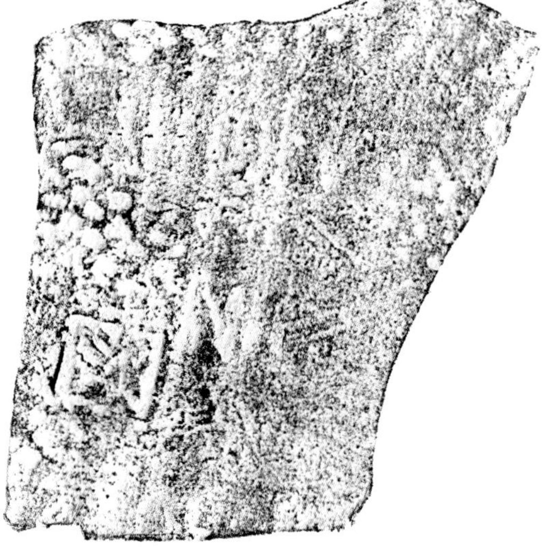

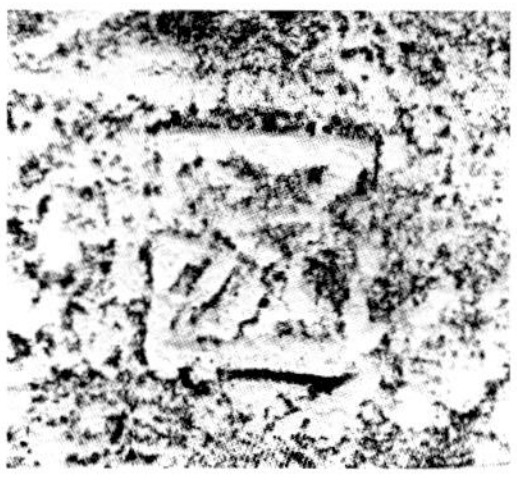

利　TG47⑥：14

长1.3、宽1.2厘米

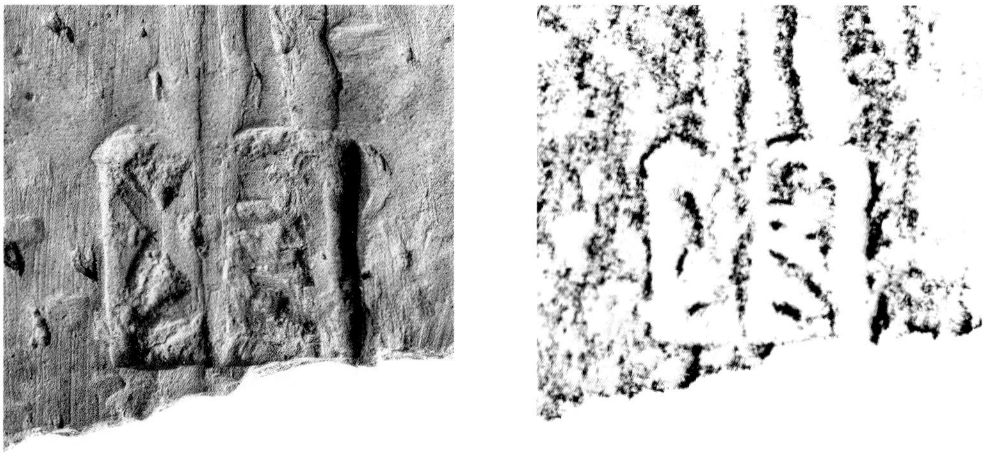

利　TG43廊道⑦：30

长1.5、宽1.3厘米

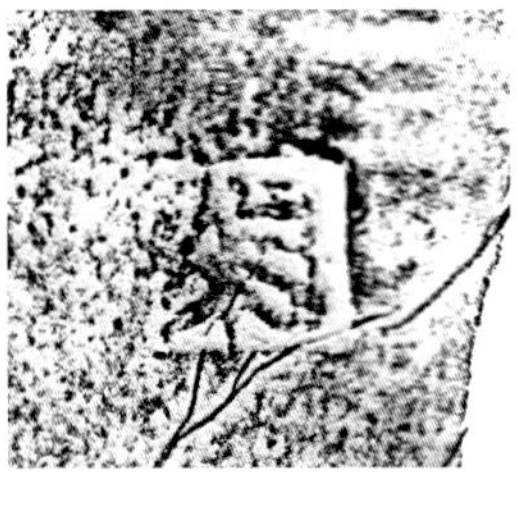

敬　81CY九号址采集：40

长2.3、宽2～2.1厘米

外　TG36B三号台基南⑤：79

长1、宽0.9厘米

甯　TG47⑥：5

长1.6、宽1.5厘米

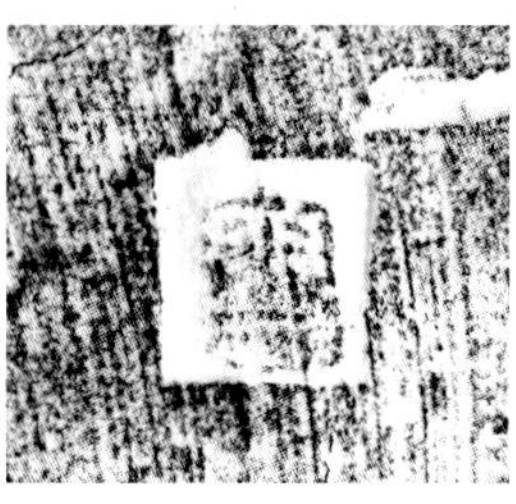

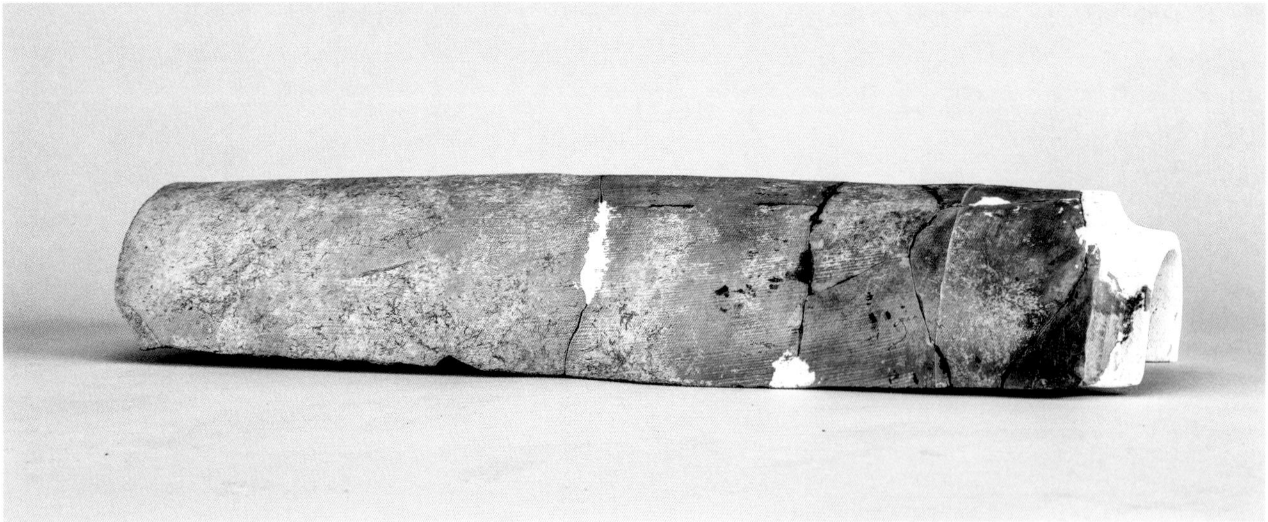

山　TG43廊道⑦：20

边长1.1厘米

禄　TG40⑦：6

长1.5～1.7、宽1.4厘米

□ TG41⑦：31

长1.5、宽1.2厘米

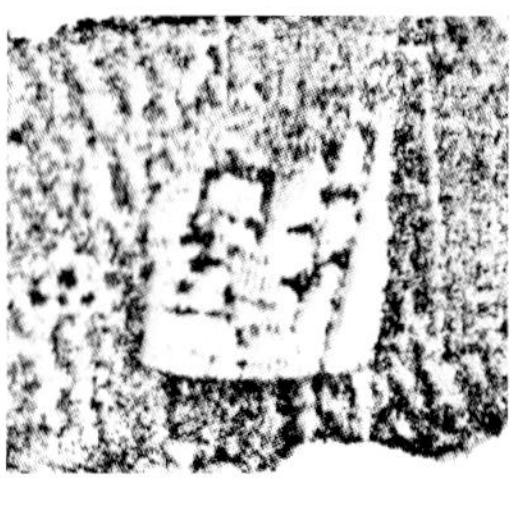

□ TG36B三号台基南⑤：46

径1.4厘米

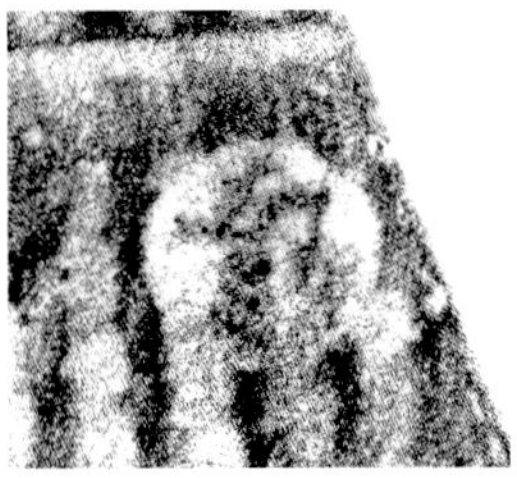

□ TG41五号台基南墙外：20

长1.2、残宽0.6厘米

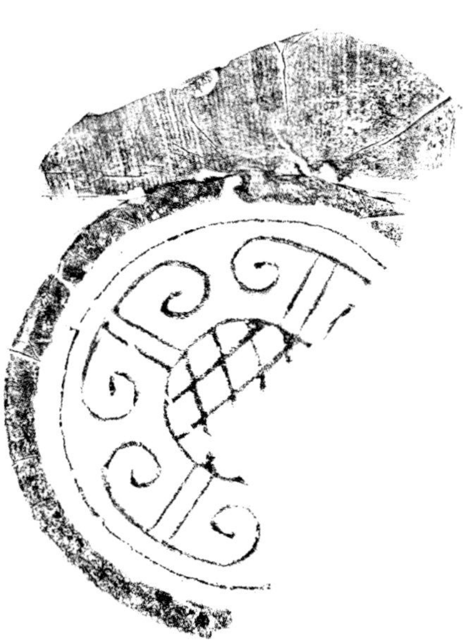

□ TG43三号台基F2：7

边长1厘米

□ TG43三号台基西⑦：32

边长1厘米

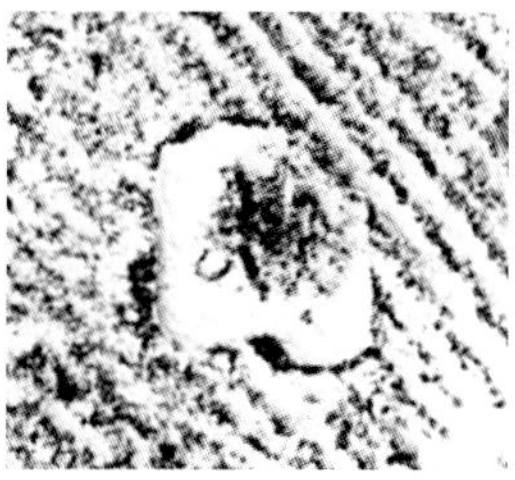

□ TG36B三号台基南⑤：161

长1.4、宽1.2厘米

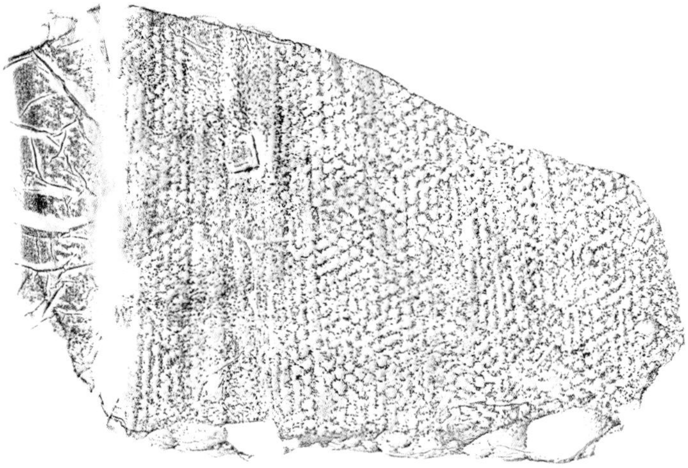

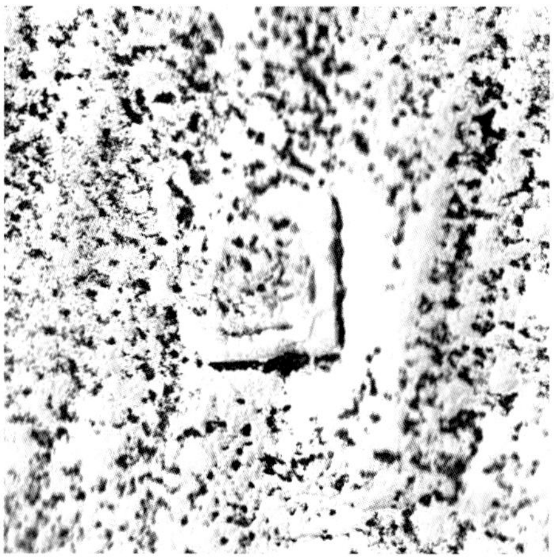

□ TG36B三号台基南⑤：61

长2.3、宽1.7厘米

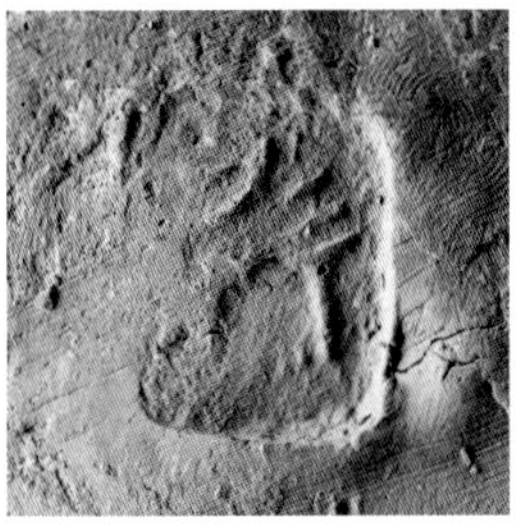

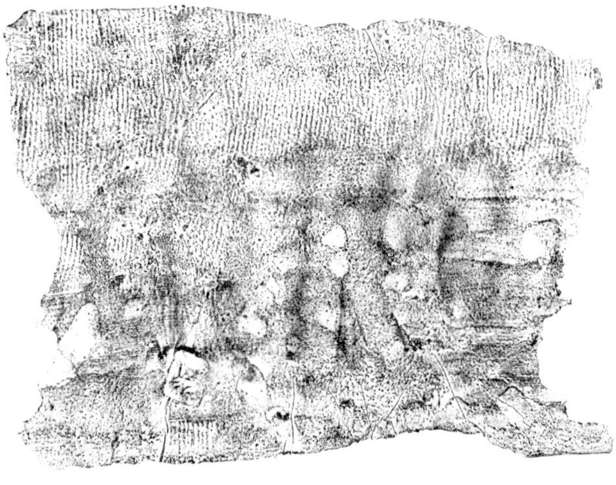

□ TG36B三号台基南⑤：169

边长1.5厘米

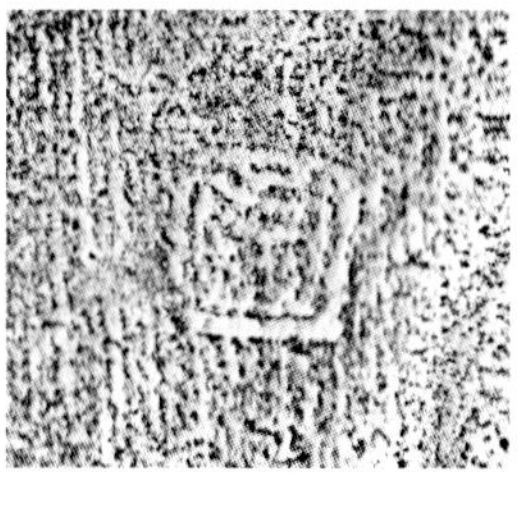

□　TG41五号台基F4：21

长1.6、宽1.45厘米

□ TG43廊道⑦：31

长1.4、宽1.2厘米

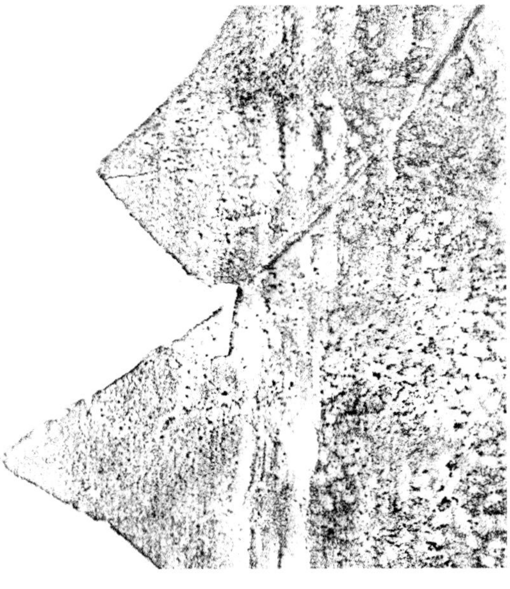

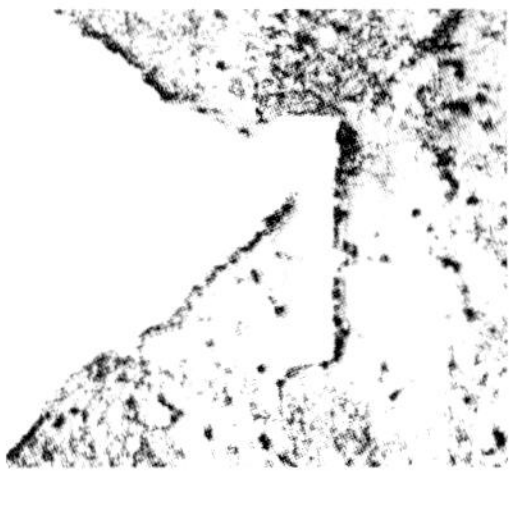

□ TG43廊道⑦：32

长1.3、宽1.2厘米

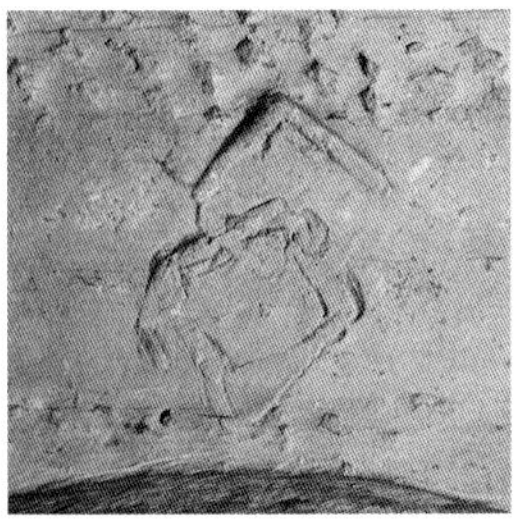

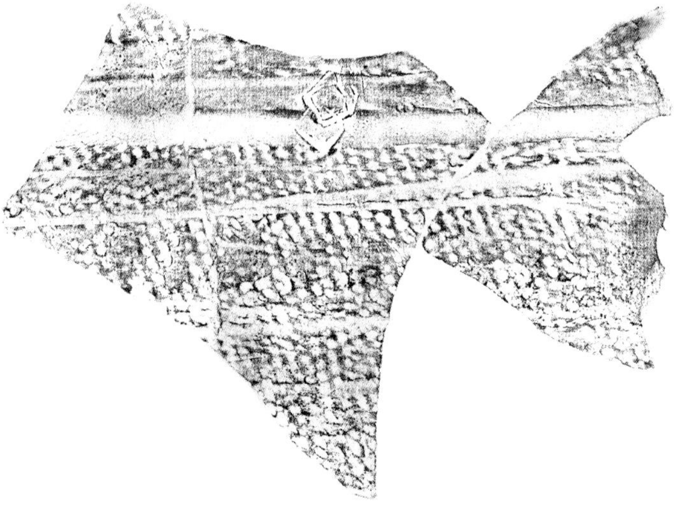

□　TG36B三号台基南⑤：184

长1、宽0.9厘米

□ TG36B台基3南⑤：63

长0.9、宽0.6厘米

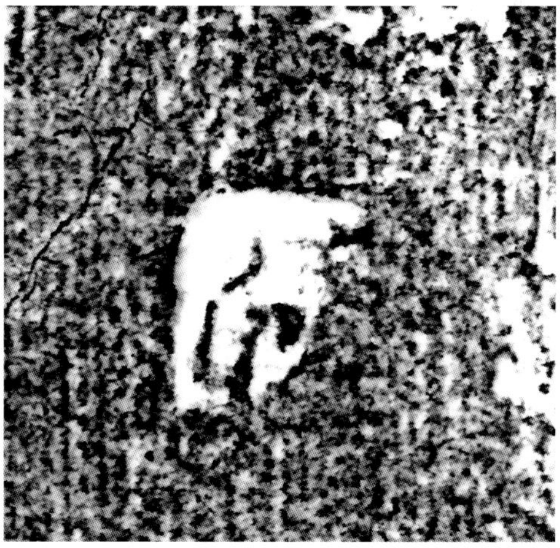

任昪　TG20⑨：17

边长1.2厘米

宫辰　TG40⑤：8

长2、宽1.1厘米

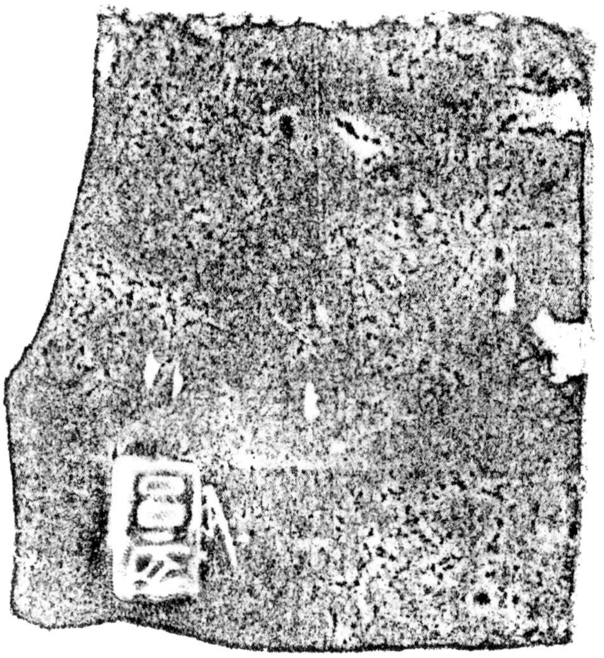

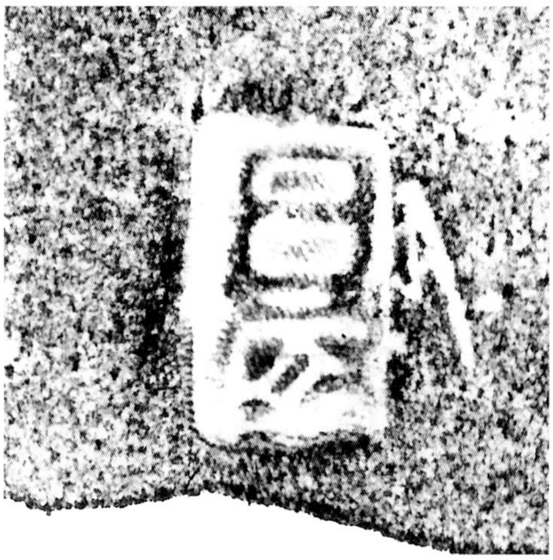

笃□　TG34H97②：19

长2.2、宽1.5厘米

栎市　TG27H83②：23

边长2.5厘米

栎市　TG27H83③：13

长2.4、宽2.2厘米

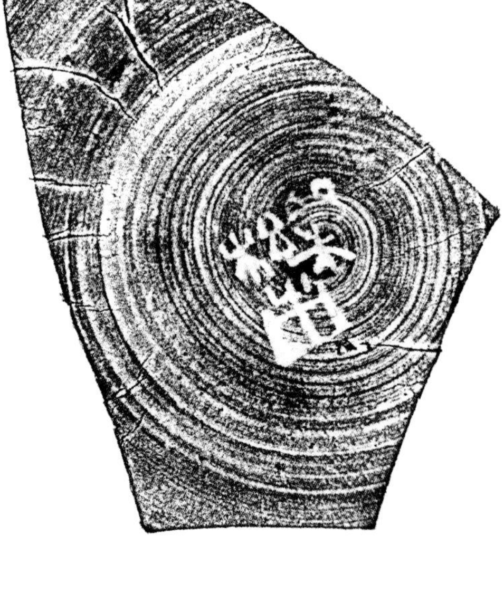

栎市　TG27H83③：21

长2.4、宽2.2厘米

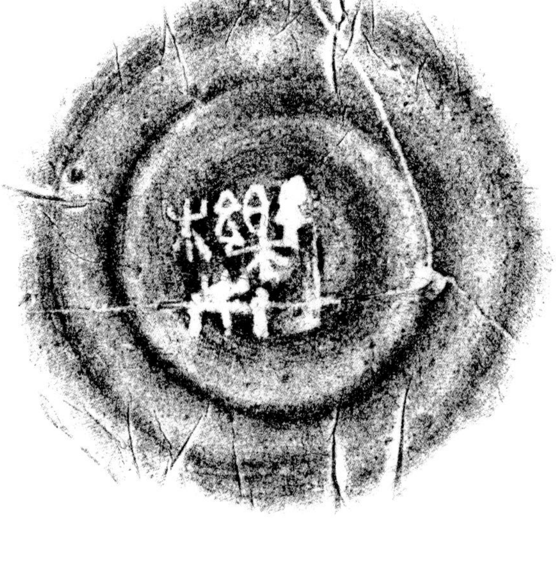

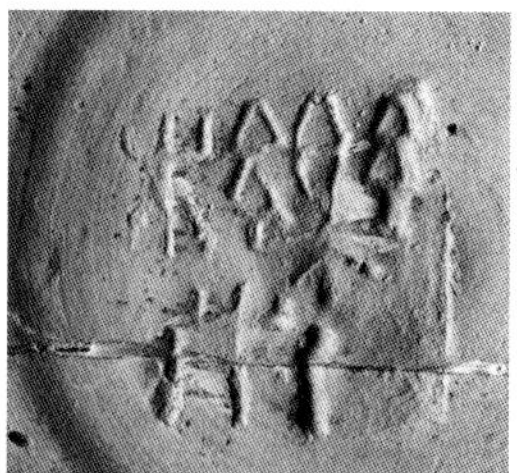

栎市　TG34H108②：5

残长1.9、宽2厘米

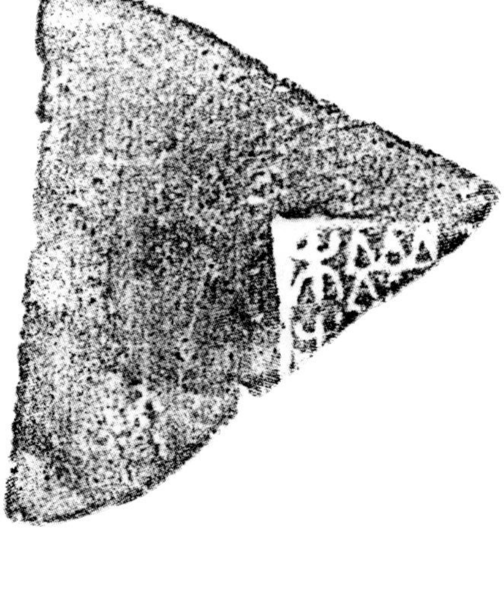

栎市　TG27H83②：24

长2.5、宽2.2厘米

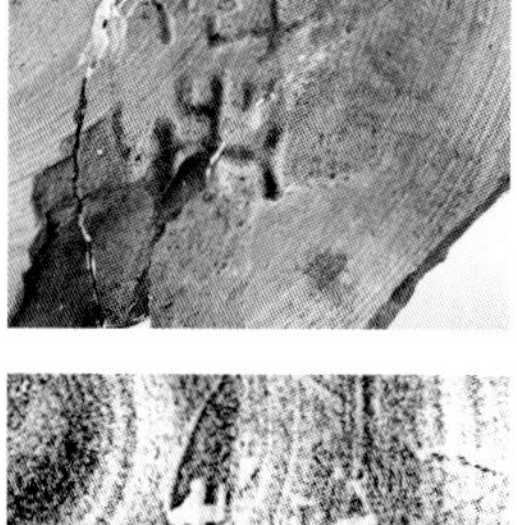

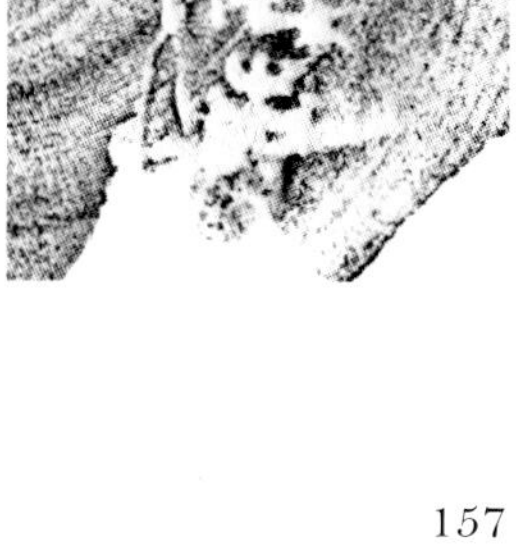

栎市　TG27H83②：27

残长2、宽1.4厘米

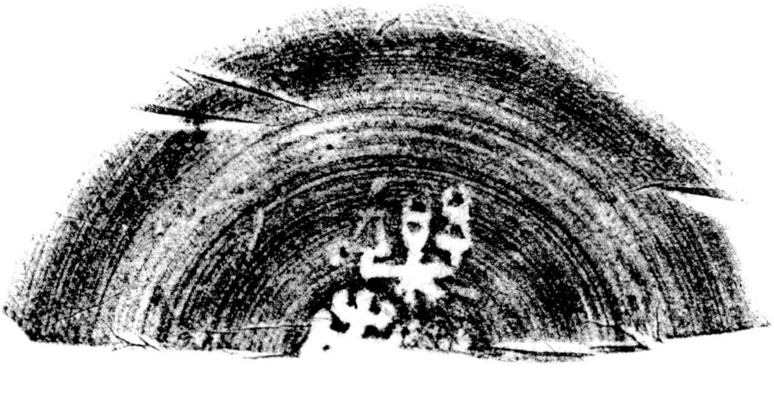

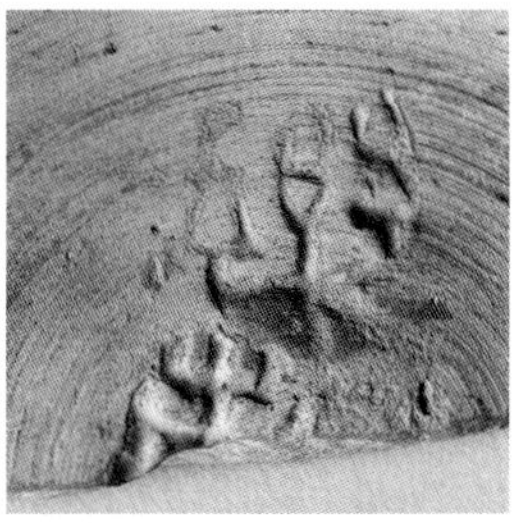

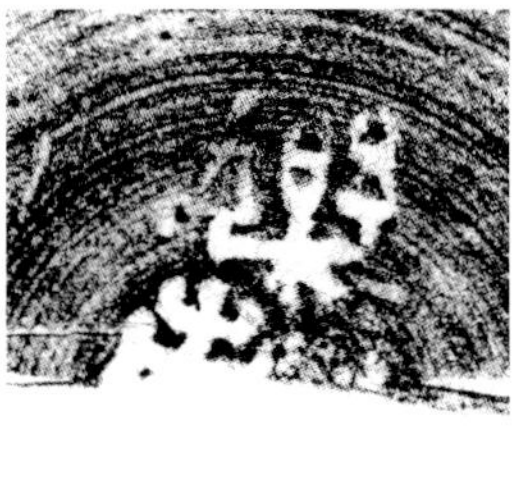

栎市　TG50H244：1

长2.5、宽2.3厘米

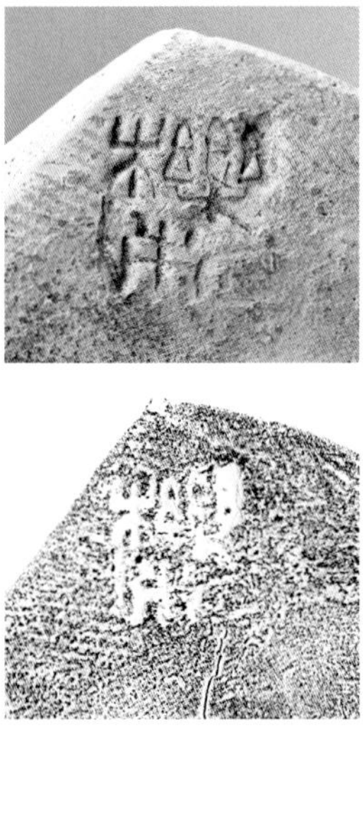

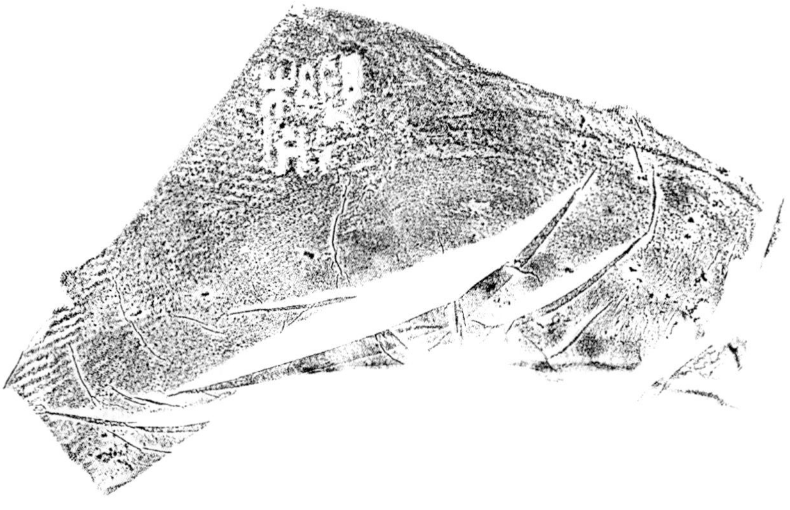

栎市　TG41五号台基F2：24

长2.8、宽1.9厘米

栎市　81CY采集：61

长2.4、宽1.9～2.1厘米

栎市　81CY六号址：15

长2.5、宽1.9～2厘米

栎市　TG24②：14

残长2、宽2.2厘米

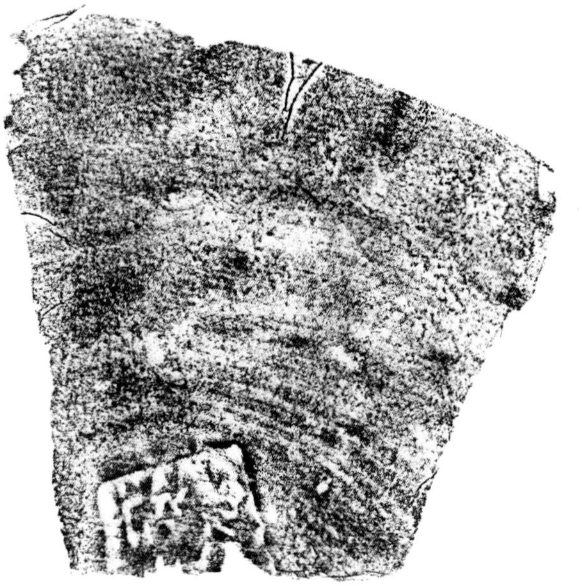

栎市　TG27H83②：3

长2.5、宽2.3厘米

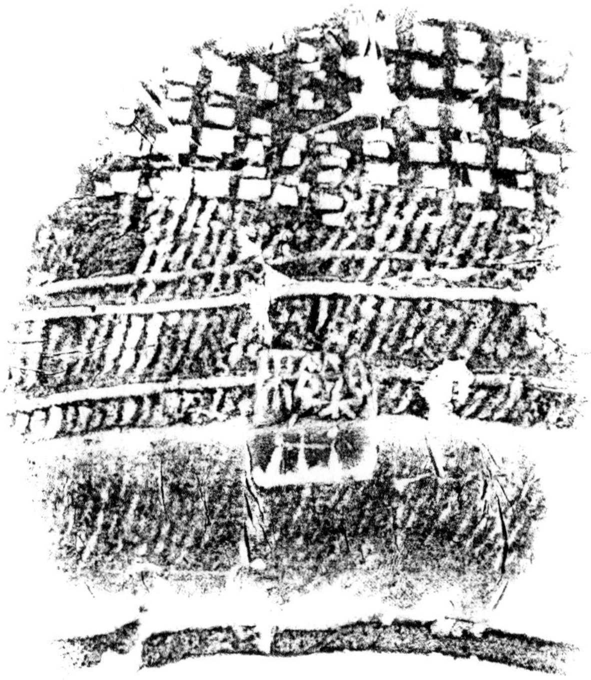

栎市　TG27H83②：11

长2.4、宽2.1厘米

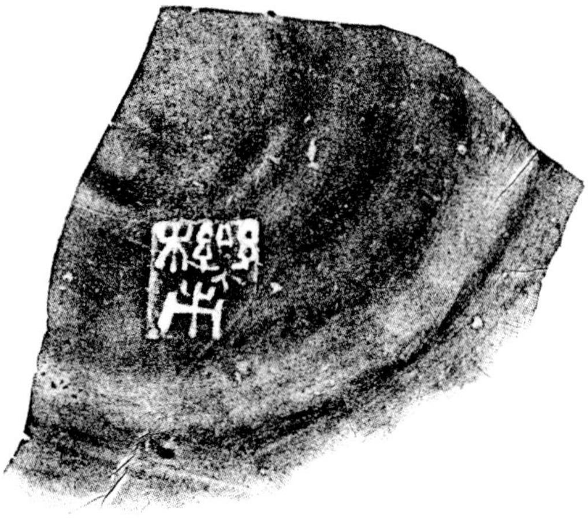

栎市　TG41五号台基F2：29

长2.4、宽2.2厘米

栎市　2015西党村东北采集

长2.4、宽2.1厘米

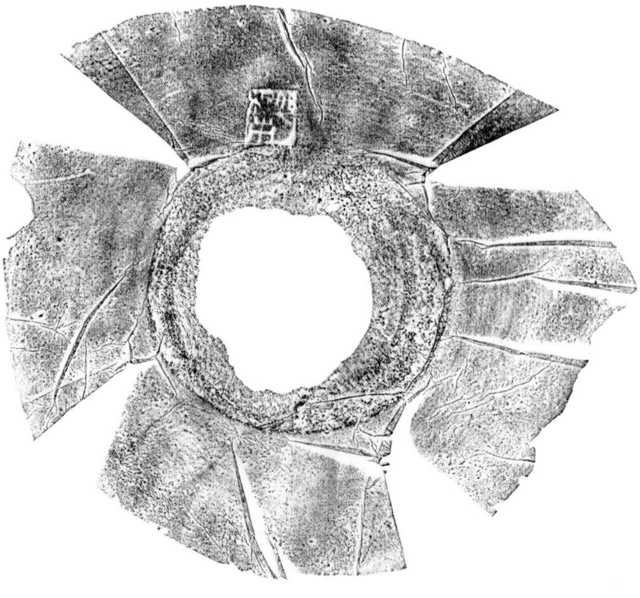

栎市　TG27H83②：26

残长2.1、宽2厘米

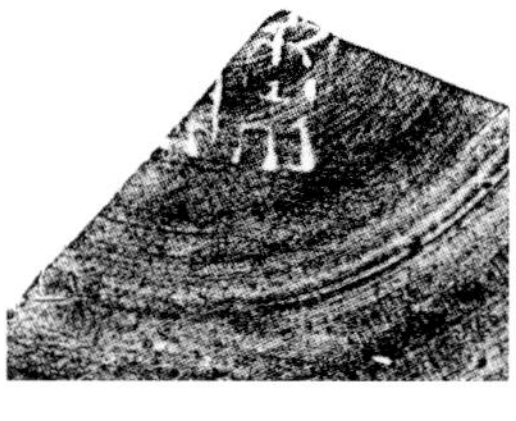

栎市　TG36B三号台基南⑤：6

长2.6、宽2厘米

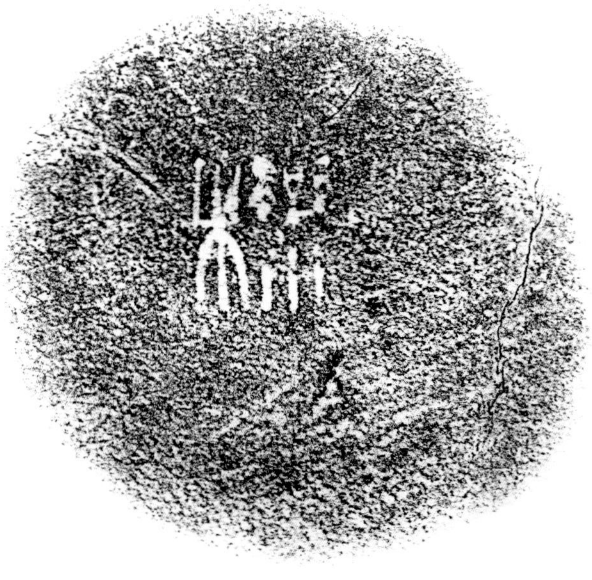

栎市　TG41五号台基F2：28

长2.5、宽2.4厘米

栎市　TG36B三号台基南⑤：19

长2.1、宽1.8厘米

栎市　TG41F2a：1

长2.1、宽2厘米

栎市　1980沟王大队王南村采集：62

长2.3、宽2.2厘米

栎市　TG39H135①：132

长2.4、宽1.9厘米

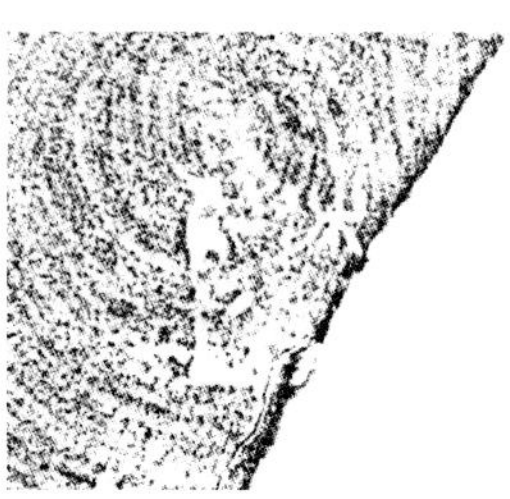

□□　TG20⑨：18

长2.6、宽1.9厘米

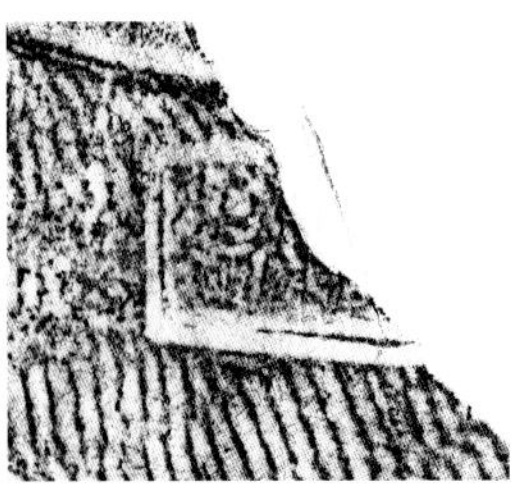

□□　TG27H83②：16

长1.9、宽1.5厘米

□□　TG43漫道⑦：8

边长1.1厘米

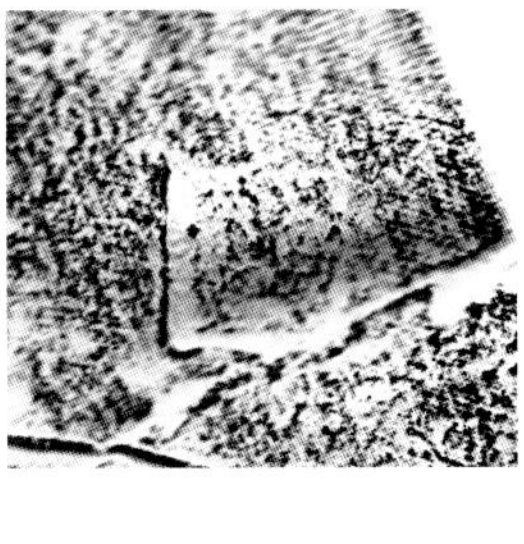

毁寿其氏　1964年秦汉栎阳城出土陶文陶片

高甘来请　TG34H124：1

长3.5、宽3.1厘米

昫寿□尚　TG1G15：6

长2.7、宽2.2厘米

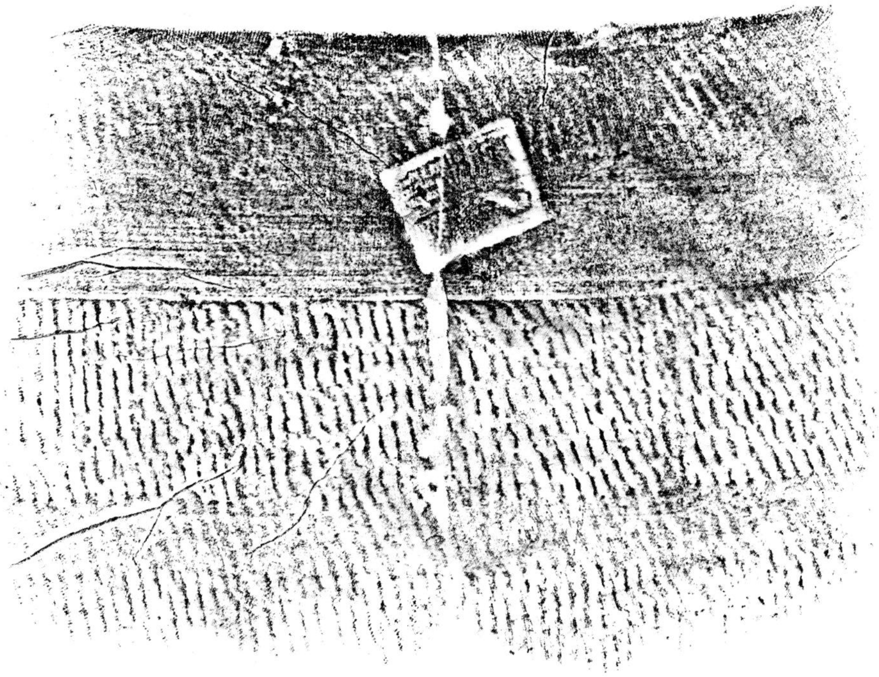

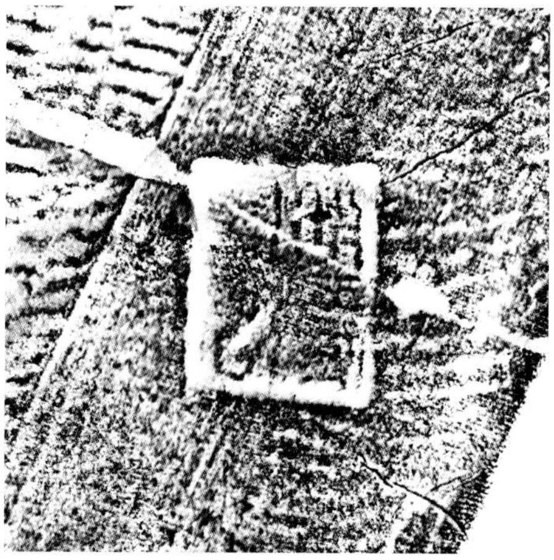

昀寿□尚　TG1G15：7

长2.7、宽2.2厘米

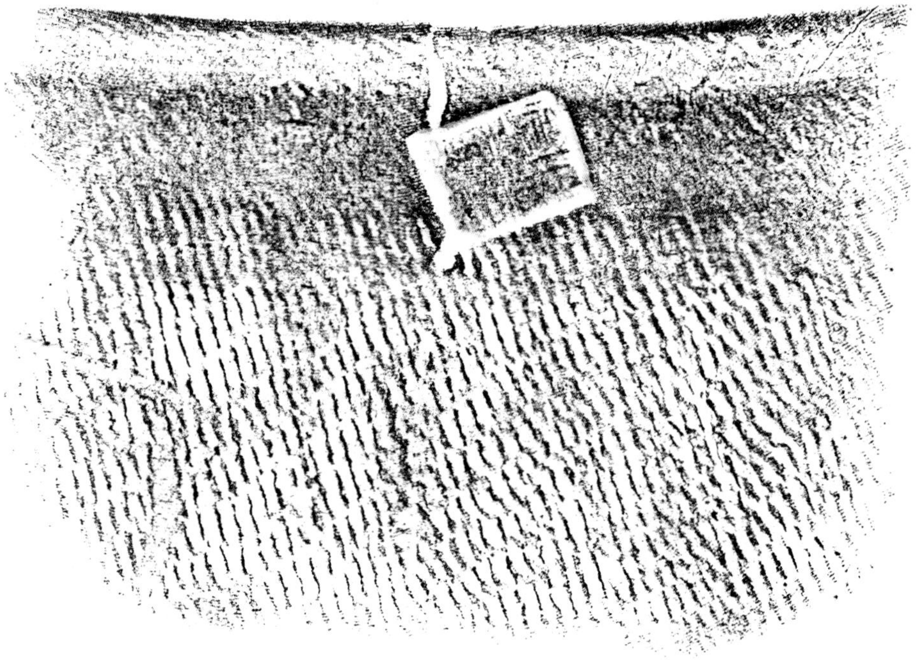

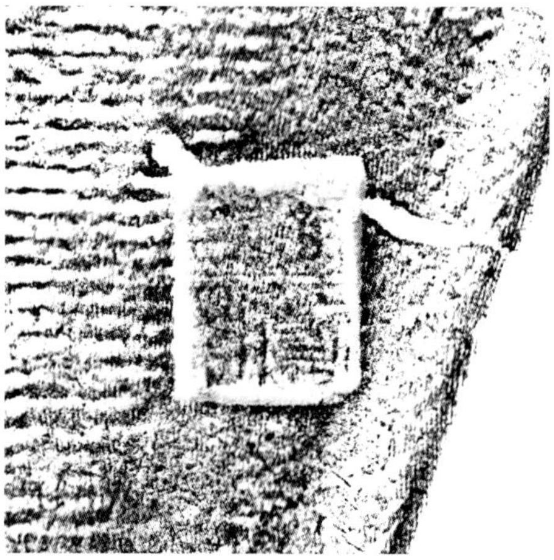

眴寿□尚　TG1G15：8

长2.7、宽2.1厘米

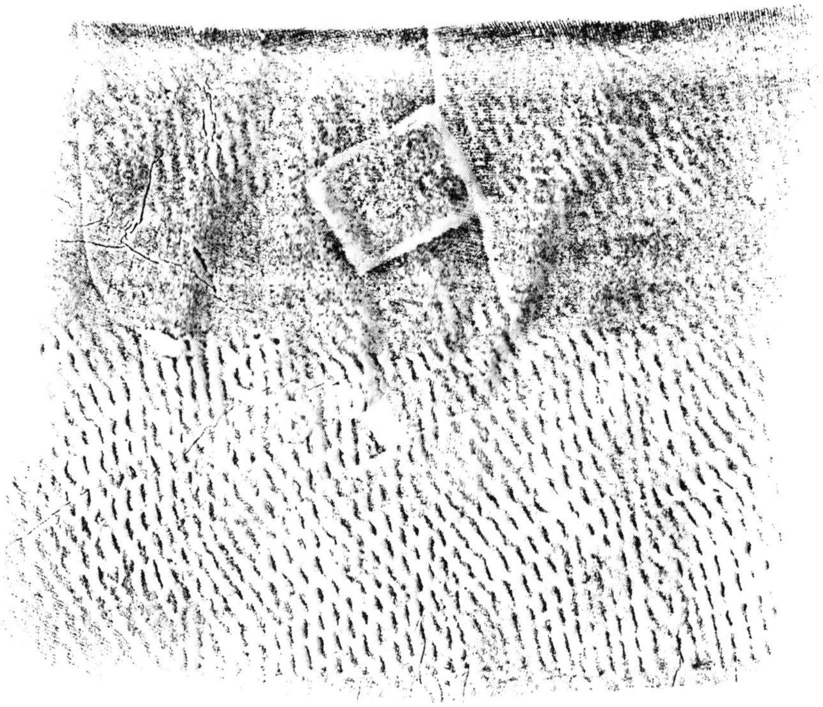

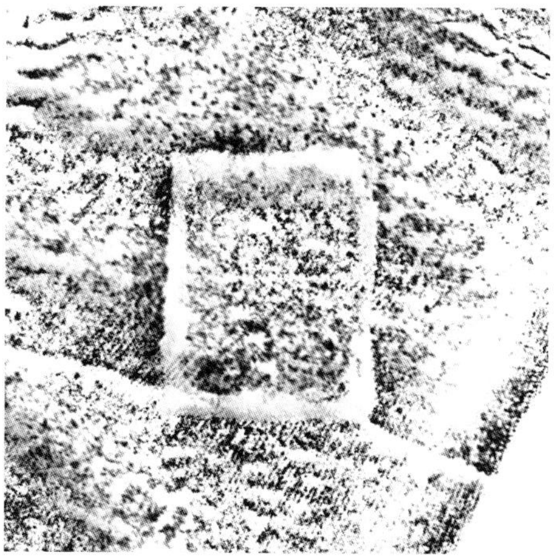

昀寿□尚　TG1G15：9

长2.7、宽2.1厘米

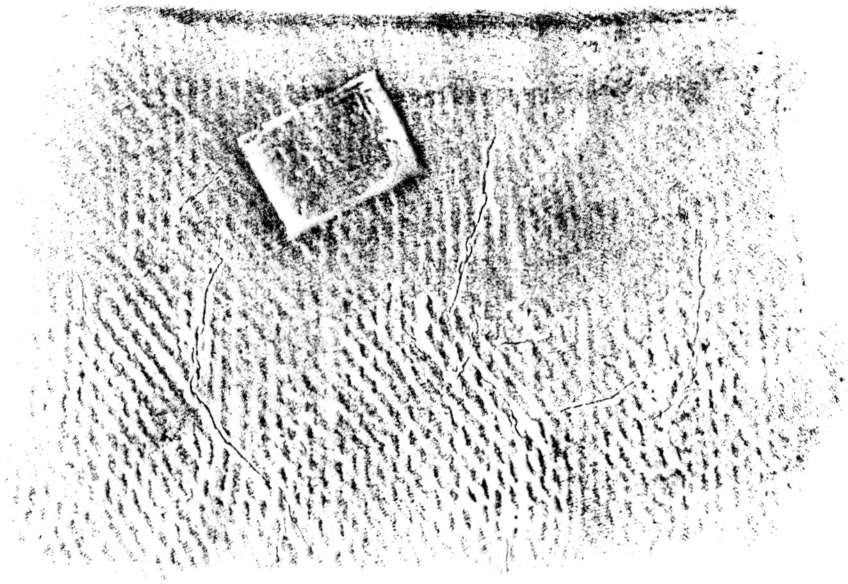

昀寿□尚　TG1G15：10

长2.8、宽2.1厘米

畇寿□尚　TG1G15：11

长2.8、宽2.2厘米

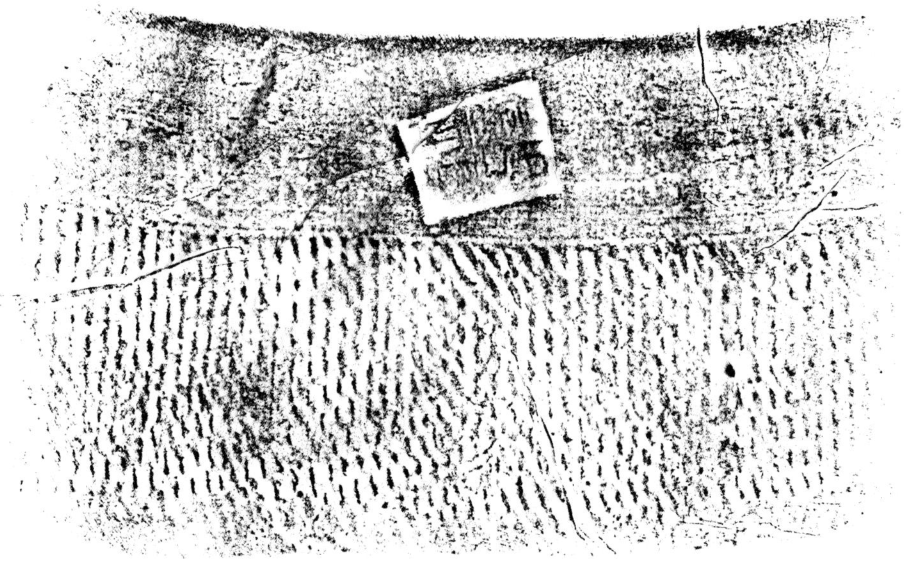

畇寿□尚　TG12：4

长2.8、宽2.1厘米

□□□□　TG20⑨：19

长2.4、宽1.5厘米

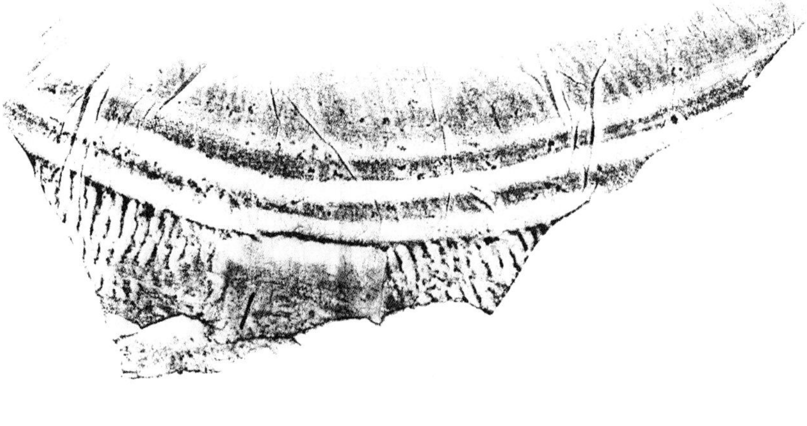

□□□□ TG12⑧：1

长2.6、宽2厘米

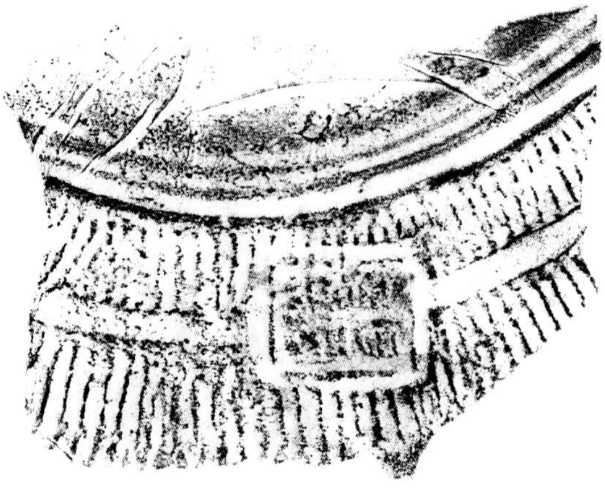

□□□□　TG12⑧：2

长3.1、宽2.7厘米

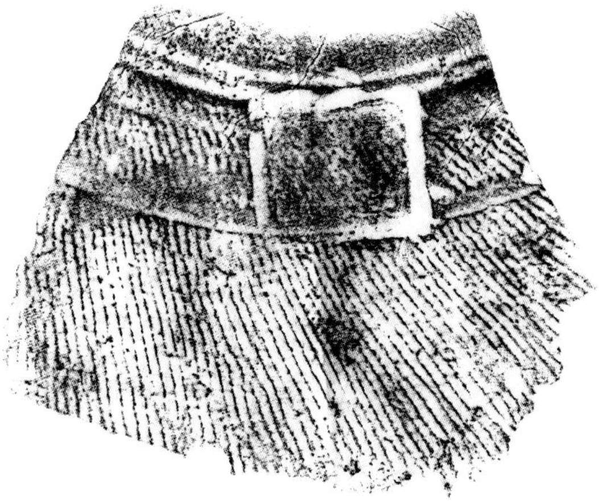

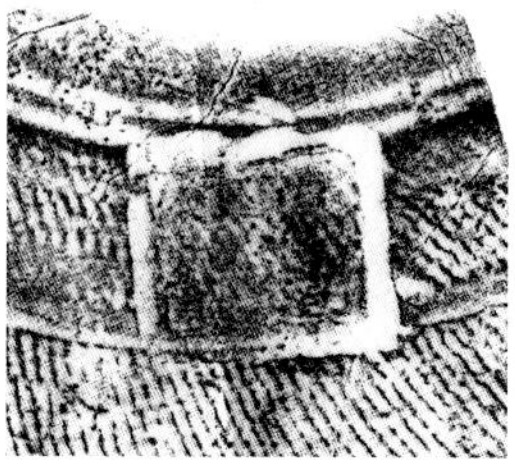

□□□□　TG34H115：6

长2.1、宽1.6厘米

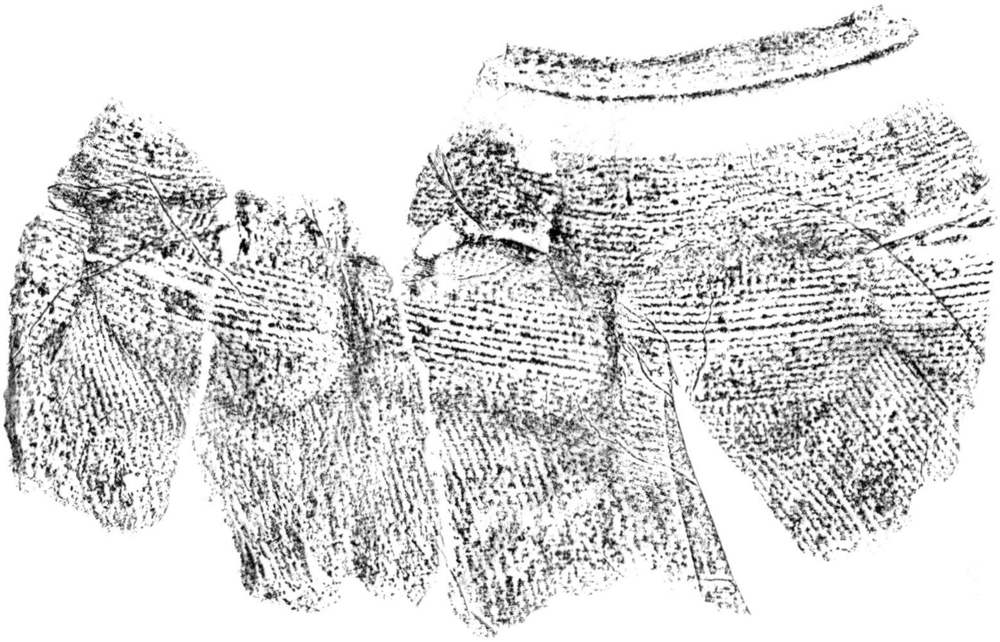

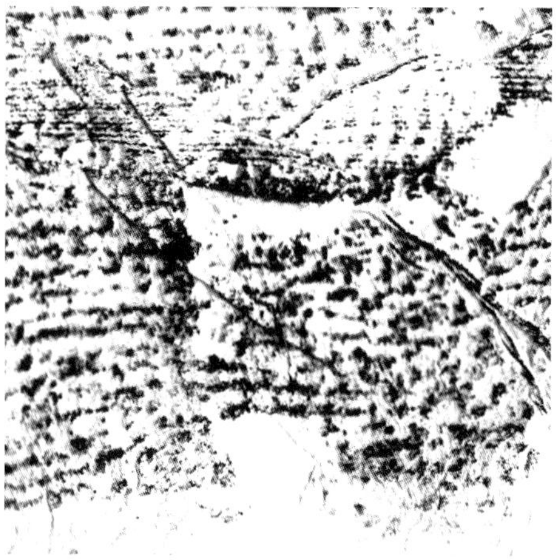

后　记

在国家文物局、陕西省文物局、西安市文物局的大力支持下，在阎良区区委区政府历届领导的大力支持下，由中国社会科学院考古研究所与西安市文物保护考古研究院联合组成的阿房宫与上林苑考古队从2013年重启的栎阳城考古，不断取得重要发现，2018年春获得了2017年全国十大考古新发现的殊荣。

2018年夏，西安市阎良区政府将三号古城核心区95亩土地集中流转，使三号古城核心区开展有计划的整体发掘有了可能。在这种情况下，考古队根据实际情况，修订了之前做出的栎阳考古计划，决定将今后一段时间的工作集中在三号古城，并决定尽快整理2013年到2018年底期间以探寻栎阳城遗址范围为目的进行的考古所获资料。

不过考虑到在六年工作后积累下来的资料明显较多，而考古资料的整理和出版又需要一个较长的时间，因此我们就商量在正式发掘报告出版前，先把截止到2018年底在栎阳考古中出土的瓦当和陶文分别整理，出版《栎阳瓦当》《栎阳陶文》，以供关心栎阳的学界同仁研究使用，不断推进栎阳研究。

栎阳陶文的整理工作从2019年初开始，我们将历年来在栎阳发现的陶文资料进行了全面的整理，除1枚1964年发现的陶文未见实物仅能移录原有拓片和相关信息外，其余包括1980～1981年发掘在内的所有陶文，都重新照相、拓片与测量。我们希望尽可能通过不同的形式，全面而完整的公布栎阳陶文资料，不管是释读出的陶文，还是模泐不清的陶文，都一体对待。希望通过图录的形式，把陶文的细节更多的体现出来。

栎阳陶文的收集和整理是考古队的集体成果，刘瑞、李毓芳、张翔宇共同完成了本书的总体设计，刘瑞编写、李毓芳审定了前言和陶文释读，高博复核了相关资料。中国社会科学院考古研究所科技中心张亚斌老师和考古队工作人员拍摄了陶文照片。

感谢陕西省铜川市考古所陈晓捷先生、复旦大学出土文献研究中心郭永秉先生在陶文释读上的大力相助。

感谢中国社会科学院考古研究所、西安市文物保护考古研究院各级领导对栎阳城考古工作和本书编写工作的大力支持。

感谢刘庆柱先生多年以来对栎阳城考古的一贯支持。

感谢科学出版社孙莉、王琳玮女士的不懈努力，使本书能克服新冠疫情的影响及时出版。

刘　瑞

2020年10月3日